福建省社会科学规划项目

朱子福建题刻集释研究

◎ 朱晓雪 著

河北大学出版社·保定

朱子福建题刻集释研究

ZHUZI FUJIAN TIKE JISHI YANJIU

出 版 人：耿金龙
责任编辑：张靖瑄
装帧设计：杨艳霞
责任校对：王亚薇
责任印制：靳云飞

图书在版编目（CIP）数据

朱子福建题刻集释研究 / 朱晓雪编著．-- 保定：河北大学出版社，2019.8
ISBN 978-7-5666-1510-7

Ⅰ．①朱… Ⅱ．①朱… Ⅲ．①朱熹（1130-1200）-碑刻-研究 Ⅳ．①K877.424

中国版本图书馆 CIP 数据核字（2019）第 145491 号

出版发行：河北大学出版社
地址：河北省保定市七一东路 2666 号　邮编：071000
电话：0312-5073033　0312-5073029
邮箱：hbdxcbs818@163.com　网址：www.hbdxcbs.com
经　　销：全国新华书店
印　　刷：保定市北方胶印有限公司
幅面尺寸：170 mm×240 mm
印　　张：14.25
字　　数：230 千字
版　　次：2019 年 8 月第 1 版
印　　次：2019 年 8 月第 1 次印刷
书　　号：ISBN 978-7-5666-1510-7
定　　价：48.00 元

凡　　例

1. 引用无标点繁体古书时，内容径作简体，并加注现代标点。

2. 引用诸家观点时，原则上遵照原文不做修改，系排版所致的标点和错字则径改或加按语。

3. 诸家观点并未全部引用时，用“……”表示所引文字有省略，诸家原文中的省略号则用“…”，以示区别。

4. 集释征引论著和文章按发表时间先后排列，著作标注卷数或页码，年份相同的按作者姓氏拼音音序排列。

5. 集释中引用的宋代至民国的论著和文章，时代标注在前，如“【清·道光·乌石山志】”“【清·孙星衍、邢澍·环宇访碑录】”；1949 年之后的论著和文章，出版或发表时间标注在后，如“【高令印·朱熹事迹考 1987】”。

序

多年的同事晓雪博士发来其新著《朱子福建题刻集释研究》的书稿，希望我给写个“序”。虽然，我对朱子之学实际并没有什么研究，但还是非常乐意完成这个任务！

在传统语言学领域，有两个学科让很多人望而却步：一是古音韵学，因为学习不易，需要口耳相传，被人们称为“绝学”；二是古文字学，由于辨认不易，有时恰如猜谜，被人喻作“天书”。而朱老师在吉林大学完成的博士专业就是古文字学，而且在攻博期间就已经取得了不俗的成绩，让人刮目相看。

到华侨大学文学院工作的这几年，不管是教学，还是科研，她都取得了优异的成绩。我曾多次听过她的文字学专业课，从心底里佩服她深入浅出的教学能力——能把枯燥的古文字辨识课上得如此引人入胜。这些年差不多汉语言文学专业的每一届本科毕业生都有人考上文字学的硕士研究生，我想，这肯定有朱老师的一份功劳！2016 年，朱老师的著作《包山楚简综述》还荣获福建省第十一届社会科学研究成果三等奖。这对一位青年教师来说，殊为不易！

新著《朱子福建题刻集释研究》是朱晓雪老师承担的 2015 年省社科规划项目的结题成果。刚接触书稿，我还有些讶异，朱老师怎么改变方向研究起朱子学了呢？读完书稿，才恍然大悟：朱老师选择了一个很有意义的研究课题，既可充分发挥她的专业优势，又能为闽学（尤其是朱子学）添砖加瓦！我深深地折服于她甘坐冷板凳、敢啃硬骨头的精神！

朱熹是南宋著名的理学家、闽学派的代表人物、儒学的集大成者，还是一个书法家、金石学家。他生于福建尤溪，卒于福建建阳，一生除了在安徽、湖南、江西、浙江短暂逗留外，绝大部分时间均在福建度过。宋高宗绍兴二十一年（公元1151年），朱熹“铨试中等，授迪功郎、泉州同安县主簿”。泉州既是朱熹初仕之地，又是其一生中任地方官时间最长的第二故乡。他非常欣赏泉州的人文环境和文化氛围，在多年的讲学过程中，留下了“此地古称佛国，满街都是圣人”（出自泉州开元寺一木刻对联，今存联语为弘一法师1938年所书）的慨叹，至今仍为泉州人所津津乐道。

从书名看，该书的主要任务是将福建境内朱熹题刻的摩崖、石刻、碑刻汇集起来，但单是搜集、整理这项工作，作者就要付出大量的劳动。特别值得称道的是，作者在部分朱子石刻之后所加的按语，或搜残补阙，或辨伪考证，或说明，或阐释，言简意赅，画龙点睛，对读者加深理解朱熹的理学思想、教育思想、文学思想，可以起到很好的帮助作用，相信也一定会对朱子学的研究起到促进作用。

全书资料翔实，体例完备，编排合理，语言流畅，书末还附有不少精美的朱子石刻照片，能让我们领略到书家朱子稳健典雅的汉魏书风，真是美不胜收。

作为该书的第一位读者，我由衷地祝贺晓雪老师，也期待着能读到她更多的佳作！

王建设

2019. 6. 18 于洛江三盛四季公园

目　　录

引　言

朱熹，字元晦，又字仲晦，号晦庵，晚称晦翁。公元1130年生于福建尤溪，公元1200年卒于福建建阳。朱熹一生除了在安徽、湖南、江西、浙江短暂逗留外，绝大部分时间均在福建度过。朱熹是宋朝著名的理学家，闽学派的代表人物，儒学的集大成者。除了在理学方面的巨大建树之外，朱熹还是一个书法家、金石学家。朱熹对金石文字尤为喜爱，二十七岁时曾整理家藏石刻，并作《家藏石刻序》，序云：

> 予少好古金石文字，家贫不能有其书，独时时取欧阳子所集录，观其序跋辩证之辞以为乐，遇适意时，恍然若手摩挲其金石，而目了其文字也。既又怅然，自恨身贫贱，居处屏远，弗能尽致所欲得如公之为者，或寝食不怡竟日。来泉南，又得东武赵氏《金石录》观之，大略如欧阳子书，然诠序益条理，考证益精博，予心亦好之。于是始胠其囊，得故先君子时所藏与熹后所增益者，凡数十种。虽不多，要皆奇古可玩。悉加标饰，因其刻石大小施横轴，悬之壁间，坐对、循行、卧起怡不去目前，不待披筐箧、卷舒，把玩而后为之适也。盖汉魏以前刻石，制度简朴，或出奇诡，皆有可观，存之足以佐嗜古之癖，良非小助；其近世刻石，本制小者，或为横卷，若书秩，亦以意所便也。盖欧阳子书一千卷，赵氏书多倍之，而予欲以此数十种者追而与之并，则诚若不可冀，然安知积之久，则不若是其富也耶！姑首是书以俟。绍兴二十六年岁次丙子八月二十二日壬辰，吴郡朱熹序。①

---

① 朱熹：《家藏石刻序》，《朱子全书》（卷七十五），上海：上海古籍出版社，2010年。

金石学在宋代已经相当繁盛，学者们致力收集古代器物、石刻，并进行著录和考订，朱熹也不例外。束景南说："此前朱熹奉檄在境内寻访先贤碑碣事传，来泉遂有此石刻编订，所谓'熹后所增益者'，当包括其在境内所访得之碑碣石刻。"① 可见朱熹对石刻文献的喜爱和重视。

朱熹喜游山水，足迹遍布福建各地，除了寻访前人碑碣石刻之外，他在所到之处也留有大量的墨迹，包括书匾、楹联、摩崖、碑刻等多种形式。朱熹能够寻访先贤碑碣事传，同样，朱熹的题刻也值得后人收集、整理，并对其进行研究。

今就朱熹所书并镌刻于石者进行集录，镌刻于石者可统称为石刻，还可以细分为摩崖、石刻和碑刻等不同类型。本书收集的朱子所题石刻，最重要的一个标准就是"朱熹手书"，也就是说刻石上的文字是朱熹的真迹。而刻石的内容，有的是朱熹撰写的，如"逝者如斯"；也有别人撰写的，如刘子翚《友石台记》。此外，还存在一种情况，那就是后人撷朱熹遗墨补刻或者摹刻朱熹墨迹，这样的题刻本书也收录进来，在按语中加以说明。对于有争议的石刻，本书选择性地收录，并进行真伪的辨析。

在对朱熹题刻进行研究时，相关资料的收集和整理是一项必要的基础工作，必须要做到全面，材料的来源出处也要清晰。朱熹所题刻石见于孙星衍、邢澍《环宇访碑录》，冯登府《闽中金石志》，陈棨仁《闽中金石略》和民国《福建金石志》等著录，但在这些书中的名称并不统一，例如武夷山六曲响声岩的"逝者如斯"，冯登府《闽中金石志》一书中，标目为"逝者如斯"；陈棨仁《闽中金石略》一书中，标目为"武夷宋人榜书七段"；民国《福建通志》一书中，标目为"武夷山响声岩题字"。学者在引用这些材料时，只标注石刻在某书中的卷数，导致使用者在查找时极其不便，因此，集释中引用学者意见时，将刻石名称具体到其书中的标目是十分必要的。

同时，集释中利用其他学者的研究材料时，对于学者所引用的前人的意见，需要逐一核对原书，因为有些引用的内容与原书并不相同，甚至存在错

---

① 束景南：《朱熹年谱长编》，上海：华东师范大学出版社，2001 年，218 页。

误的情况。例如朱熹所书《李公祠记》，清冯登府《闽中金石志》卷九记载："《李公祠记》，淳熙十三年。《舆地碑目》：朱子撰，正书，在邵武军学。"核宋王象之所著《舆地碑记目》卷四"邵武军碑记"，原文作"《李丞相祠堂记》，在军学，晦翁文。"

随着时代的发展，网络成为大家发布信息的重要平台，例如网站中发布的文章、博客中发布的游记。这些虽然不是在期刊上正式发表的文章，也未必具有研究性，但有时候也会提供一些客观的信息，因此，我们不能拘泥于传统，需要与时俱进，对这些信息也给予关注。

总之，将福建境内朱熹题刻的摩崖、石刻、碑刻汇集起来，与朱熹的理学思想、教育思想、文学思想等方面结合起来进行综合研究，会对朱子学的研究起到促进作用。

一、福州市

（一）福州市

1. 赵子直等乌石山题名

题刻全文：赵子直、朱仲晦淳熙癸卯仲冬丙子同登。

所在地：福州乌石山

集释：

【清·乾隆·福州府志】“赵子直、朱仲晦淳熙癸卯仲冬丙子同登。”楷书，径一尺，朱子书，镌乌石山邻霄台东。（卷七十三·碑碣）

【清·道光·乌石山志】赵汝愚为郡守时，适熹避伪学禁入福州，尝与汝愚登乌石山，题石曰：‘赵子直、朱仲晦淳熙癸卯仲冬丙子同登。’遂讲学于山麓石室中。弟子以百计，郡人如黄干、陈孔硕、陈枅、蒋康国、潘植、潘柄、刘砥、刘砺、林用中、余隅、林夔孙、林学蒙辈，皆从游之。（卷七·人物·朱熹）

【清·陈棨仁·闽中金石略】赵子直朱文公题名。正书在桃石。“赵子直、朱仲晦淳熙癸卯仲冬丙子同登。”案福建旧通志朱子避伪学禁入福州，汝愚适守郡常同登乌石山，镌年月姓名于石。新纂通志辨其误谓子直以淳熙九年知福州，绍熙元年再任，二年被召而考亭学禁在庆元二年，旧志所言与史不合夷。考宋史淳熙十年陈贾请禁伪学，文公以去年乞祠，是年正月差主管台州崇道观杜门不出，是伪学之禁虽行于庆元而陈贾之疏实出于淳熙，则言公避谤入福州亦不得纠其误也。（卷六·宋四·乌山宋人题名四十八段·赵子直朱文公题名）

【清·陆增祥·八琼室金石补正】高四尺八寸，广四尺，四行，行四字，字径九寸，正书。“赵子直、朱仲晦淳熙癸卯仲冬丙子同登。”（卷九十七·赵子直朱子题名）

【民国·福建通志】在侯官，淳熙十年。“赵子直、朱仲晦淳熙癸卯仲冬丙子同登。”《陈略》云：案福建旧朱子避伪学禁入福州，汝愚适守郡常同登乌石山，镌年月姓名于石。新纂通志辨其误谓子直以淳熙九年知福州，绍熙元年再任，二年被召而考亭学禁在庆元二年，旧志所言与史不合夷。考宋史淳熙十年陈贾请禁伪学，文公以去年乞祠，是年正月差主管台州崇道观杜门不出，是伪学之禁虽行于庆元而陈贾之疏实出于淳熙，则言公避谤入福州亦不得纠其误也。（金石·卷十·宋五·赵子直朱仲晦乌石山题名）

【高令印·朱熹事迹考 1987】此题名为楷书，径一尺。“癸卯仲冬丙子”，即淳熙十年（公元一一八三年）十一月……这里的记载（按：指《乌石山记》），把朱熹淳熙十年游乌石山和其前后来乌石山活动的情况混为一谈了，罗列的朱熹门人刘砥、刘砺是先后于光宗绍熙元年（1190 年）、宁宗庆元四年（1198 年）始受学朱熹的，是此后数年的事。（165 页）

【黄荣春·福州摩崖石刻 1999】在桃石。楷书，字径 1 尺。文：赵子直、朱仲晦淳熙癸卯仲冬丙子同登。（53 页）

【安宁·朱熹在福州地区的诗联与题刻 2006】在石门南向的摩崖上有行书曰：“淳熙丁未（1187 年），晦翁来谒鼓山嗣公，游灵源，遂登水云亭，有怀四川子直侍郎。同游者清漳王子合，郡人陈肤仲、潘谦之、黄子方、僧端友。”在桃石还有“赵子直、朱仲晦淳熙癸卯仲冬丙子同登”一段题刻。这两段题刻证实了朱熹到鼓山，并有题刻。

【杨文新·朱熹在福建的摩崖石刻研究 2010】福州乌山，“赵子直、朱仲晦淳熙癸卯仲冬丙子同登”，佚刻，在桃石。

按语：宋孝宗淳熙十年为公元 1183 年。赵子直，即赵汝愚，字忠定，号愚斋，宋宗室。《朱熹事迹考》一书已指出《乌石山记》把朱熹淳熙十年游乌石山和其前后来乌石山活动的情况混为一谈。

2. 石室清隐

题刻全文：石室清隐，晦翁。

所在地：福州乌石山先贤石室池上

集释：

【清·乾隆·福州府志】“石室清隐”。楷书，径一尺，朱子书，镌侯官先贤石室池畔石岩。（卷七十三·碑碣）

【清·道光·乌石山志】“石室清隐”，楷书，径一尺，镌今先贤石室池泮石上；“晦翁”，行书，一寸。……“光风霁月”，草书，径八寸，嵌天王岭道山祠；“晦翁”，草书，寸余。以上二刻，当在淳熙间，避伪学禁时所书。（卷六·石刻）

【清·孙星衍、邢澍·环宇访碑录】“石室清隐”四字，朱子正书，无年月。福建侯官。（卷九·南宋）

【清·道光·乌石山志】熹书“石室清隐”四字镌于池畔石上，后人属其地为先贤石室。……先贤石室在山之东魁里，即宋朱文公书“石室清隐”，见《第宅园亭》处。后人因祀文公，遂名其地曰先贤石室。明季混为民居。国朝康熙十七年，提学道孙期昌，叶县人，捐赎而复之，祀典重兴；五十七年，请给春秋二祭。雍正十二年，重修。（卷四）

【清·陈棨仁·闽中金石略】“石室清隐”，正书，一尺。“晦翁”，行书，一寸，在先贤石室池上。（卷六·宋四·乌石山宋人榜书九段·石室清隐）

【清·黄锡蕃·闽中书画录】石室清隐斋在道山麓，朱熹讲学处，手书“石室清隐”四大字镌于石。（卷一五·流寓）

【清·陆增祥·八琼室金石补正】字高三尺，广三尺六寸，二行，行二字，字径尺许，款二小子，正书。“石室清隐。晦翁。”右刻在乌石山麓，无年月，附前题名之后。（卷九十七·朱子石室题字）

【民国·福建通志】先贤石室朱子书，在侯官乌石山。“石室清隐，晦翁。”《陈略》云在池上。（金石·卷十一·宋六·先贤石室朱子书）

【高令印·朱熹事迹考 1987】福州乌石山遗存朱熹榜书石刻“石室清

隐”，正书，径一尺，镌于先贤石室池泮石上，署名晦翁。……是刻年代为公元一一八三年。……这里所谓“避伪学禁”，是指淳熙十年（公元一一八三年）陈贾等上书攻击朱熹及其学派。这里说明了朱熹书“石室清隐”的时间。……因朱熹手书“石室清隐”刻石于此，此室后成为“先贤石室”，亦称“石室清隐斋”。（195 页）

【黄荣春・福州摩崖石刻 1999】在先贤石室池畔石上。正文楷书，字径 1 尺；落款行书，字径 1 寸。文：石室清隐。晦翁。晦翁，朱熹字，此刻系淳熙间朱熹避伪学禁时所书。（58 页）

【安宁・朱熹在福州地区的诗联与题刻 2006】相传，宋淳熙年间，朱熹避伪学禁时，再上乌山，在先贤石室池畔题刻有“石室清隐”四字，字约 30 厘米。“石室清隐”四字还被摹刻于连江磨岭音洞内。

【杨文新・朱熹在福建的摩崖石刻研究 2010】福州乌山，“石室清隐，晦翁”，佚刻，在道山祠壁，与上条（按，指“清隐”）关系待考。

按语：清：清净；隐：不显露。“清隐”正体现了淳熙间朱熹避伪学禁时的淡泊心情。

3. **光风霁月**

题刻全文：光风霁月，晦翁。

所在地：福州乌石山天王岭道山祠壁

集释：

【明・王佐・新增格古要论】“光风霁月”四大字，朱子书于江西白鹿洞。福州摹刻。（卷三・新增各处碑帖・福建）

【清・冯登府・闽中金石志】《格古要论》：“光风霁月”四大字，朱子书于江西白鹿洞。福州模刻。（卷十一・宋六・光风霁月）

【清・道光・乌石山志】“光风霁月”，草书，径八寸，嵌天王岭道山祠；“晦翁”，草书，寸余。以上二刻，当在淳熙间，避伪学禁时所书。（卷六・石刻）

【清・陈棨仁・闽中金石略】“光风霁月”，草书，八寸。“晦翁”，草书，

寸余，在道山祠壁。（卷六・宋四・乌石山宋人榜书九段・光风霁月）

【民国・福建通志】道山祠题字，在福州，“光风霁月，晦翁”。《格古要论》云：“光风霁月”四大字，朱子书于江西白鹿洞。《冯志》云：福州摹刻于天王岭道山祠壁。（金石・卷二十二・摹刻・道山祠题字）

【高令印・朱熹事迹考 1987】关于福建各地遗存的朱熹榜书“光风霁月”，大概是从江西庐山光风霁月亭摹拓而来。……是刻为草书，径八寸。在今福州乌石山道山祠壁。（197 页）

【黄荣春・福州摩崖石刻 1999】在道山祠壁。草书，正文字径 8 寸，落款字径寸余。文：光风霁月。晦翁。（58 页）

【安宁・朱熹在福州地区的诗联与题刻 2006】与此同时，在乌山“道山祠”石壁草书“光风霁月”，四字，字径 24 厘米。

【杨文新・朱熹在福建的摩崖石刻研究 2010】福州乌山，“光风　霁月，晦翁”，佚刻，在先贤石室池上。

按语：《朱熹事迹考》所引“道山祠题字”误作“道南祠题字”。陈棨仁《闽中金石略》中“光风”和“霁月”之间有隔断。光风：雨后初晴时的风；霁月：雨雪停止的月。“光风霁月”指雨过天晴时万物明净的景象，也比喻开阔的胸襟和心地。

4. 清隐

题刻全文：清隐，晦翁。

所在地：福州乌石山天王岭

集释：

【黄荣春・福州摩崖石刻 1999】在天王岭“第一山”摩崖石刻西南侧 16 米处，西向。摩崖高 102 厘米，宽 107 厘米。纵 2 行，正文楷书，字高 36 厘米、宽 28 厘米；旁款行书，字径 11 厘米。文：清隐。晦翁。……郭柏苍《乌石山志》等方志记载在先贤石室池畔石上有晦翁“石室清隐”石刻。现存晦翁“清隐”题刻与方志记载的“石室清隐”石刻关系有待考证。（19—20 页）

【安宁·朱熹在福州地区的诗联与题刻 2006】在福州乌山天王岭“第一山”西南侧，朱熹用楷书题“清隐”两字，落款“晦翁”，字高 36 厘米、宽 28 厘米。

【黄荣春·福州十邑摩崖石刻 2008】在乌石山天王岭“第一山”题刻西南侧约 16 米处，西向。摩崖高 102 厘米，宽 107 厘米。纵 2 行，正文行书。字高 36 厘米，宽 28 厘米，旁款行书，字径 11 厘米。……郭柏苍《乌石山志》等方志记载在先贤石室池畔石上有晦翁“石室清隐”石刻，现存晦翁“清隐”题刻与方志记载的“石室清隐”石刻关系有待考证。（15 页）

【杨文新·朱熹在福建的摩崖石刻研究 2010】福州乌山，“清隐”，现存，在天王岭。

按语：见“石室清隐”条。

5. **畊云钓月**

题刻全文：畊云钓月

所在地：福州万安渡

集释：

【明·王佐·新增格古要论】“畊云钓月”四大字，朱子书。（卷三·新增各处碑贴·福建）

【清·冯登府·闽中金石志】“畊云钓月”，《格古要论》：“畊云钓月”四大字，朱子书，在福州。（卷十一·宋六·畊云钓月）

【民国·福建通志】《格古要论》云“畊云钓月”四大字，朱子书，在福州。（金石·卷十一·宋六·福州朱子书）

【高令印·朱熹事迹考 1987】“畊云钓月”，这里泛指福州，疑在乌石山。（195 页）

【黄荣春·福州摩崖石刻 1999】文：耕云钓月。《闽中金石志》引用《格古要论》云“耕云钓月四大字，朱子书，在福州”。（309—310 页）

【安宁·朱熹在福州地区的诗联与题刻 2006】在福州万安渡摩崖上，分别题刻“耕云钓月”和“天光云影”各四字。这两处也是朱熹题刻。

【杨文新·朱熹在福建的摩崖石刻研究 2010】福州万安渡，“耕云钓月”，现存。

按语：“耕云钓月”表达的就是一种看云观月，闲适散淡的生活情趣。

6. 天光云影

题刻全文：天光云影

所在地：福州万安渡

集释：

【民国·福建通志】《格古要论》云“天光云影”四大字，朱子书。在福州。（金石·卷十一·宋六·福州朱子书）

【黄荣春·福州摩崖石刻 1999】文：天光云影。《福建金石志》引用《格古要论》记载此刻为朱子所书。（310 页）

【安宁·朱熹在福州地区的诗联与题刻 2006】在福州万安渡摩崖上，分别题刻“耕耘钓月”和“天光云影”各四字。这两处也是朱熹题刻。

【杨文新·朱熹在福建的摩崖石刻研究 2010】福州万安渡，“天光云影”，现存。

按语：《格古要论》所记“天光云影”在建阳云谷。“天光云影”，天上的光和云朵映在水中的影子。朱熹《观书有感》：“半亩方塘一鉴开，天光云影共徘徊。问渠哪得清如许，为有源头活水来。”

7. 朱晦翁等鼓山题名

题刻全文：淳熙丁未，晦翁来谒鼓山嗣公，游灵原，遂登水云亭，有怀四川子直侍郎。同游者：清漳王子合，郡人陈肤仲、潘谦之、黄子方、僧端友。

所在地：福州鼓山涌泉寺水云亭

集释：

【清·乾隆·福州府志】“淳熙丁未，晦翁来谒鼓山，嗣公游灵源，遂登水云亭，有怀四川子直侍郎。同游者清漳王子合、郡人陈肤仲、潘谦之、黄子方、僧端友。”楷书，镌鼓山石门左。（卷七十三·碑碣）

【清·冯登府·闽中金石志】朱晦翁等鼓山题名，淳熙十四年。“淳熙丁未，晦翁来谒鼓山嗣公，游灵源洞，遂登水云亭，有怀四川子直侍郎。同游者：清漳王子合，郡人陈肤仲、潘谦之、黄子方、僧端友。”按嗣公元嗣长老也，会游胡安定之门，王迈字子合，时称东渊先生，陈孔硕字肤仲，淳熙二年进士，官秘阁修撰，潘柄字谦之，怀安人，时称瓜山先生，皆朱子门人。黄琮字子方，莆田人，元符三年进士，官知闽县事。晦翁是年五十八岁，小学书成，见年谱。（卷九·宋四·朱晦翁等鼓山题名）

【清·陈棨仁·闽中金石略】朱子题名，正书，在石门左。“淳熙丁未，晦翁来谒鼓山嗣公，游灵源，遂登水云亭，有怀四川子直侍郎。同游者：清漳王子合，郡人陈肤仲、潘谦之、黄子方、僧端友。”右朱文公题名时公方奉祠家居，是年七月辞江西提刑之命，故得优游登眺，越岁则敦迫入对矣。子直为忠定赵公字忠定，先曾帅闽最与公善，尝登兹山有江月天风之咏，时方为四川制置使，文公抚景怀旧遂形之翰颖，亦足见两公契分之深矣。嗣公为僧元嗣，王子合名遇，时称东渊先生，陈肤仲名孔硕，有北山集，潘谦之名柄，时称瓜山先生，皆文公门人也。黄子方名琮，莆田人，元符三年进士，时知闽县事。（卷五·宋三·鼓山宋人题名七十九段·朱文公题名）

【民国·福建通志】在闽县，淳熙十四年。“淳熙丁未，晦翁来谒鼓山嗣公，游灵源洞，遂登水云亭，有怀四川子直侍郎。同游者：清漳王子合，郡人陈肤仲、潘谦之、黄子方、僧端友。”（金石·卷十·宋五·朱晦翁鼓山题名）

【高令印·朱熹事迹考 1987】赵子直，即当时的侍郎赵汝愚，字忠定，号愚斋，宋宗室。他两次来闽任职，一次是孝宗淳熙九年（公元一一八二年）至淳熙十三年（公元一一八六年），任福州知州兼福建安抚使。再次是光宗绍熙元年（公元一一九〇年），以敷文阁待制再任福州知州。在福州首次任职期间，曾疏竣（按：当作“浚”）福州西湖等，政绩卓越。因此，当时鼓山涌泉寺住持僧元嗣为赵子直再建原灵源洞附近的临沧亭，改名为水云亭。所以他在这次离任时（淳熙十三年，公元一一八六年），即朱熹这次到鼓山的前一年，在灵源洞题词石刻中有“山僧好心事，为我开此亭”句。传说朱熹曾在这里读书，因此又俗称朱子亭或朱熹读书处。由此可知，朱熹到涌泉寺“遂登水云亭”是确实的。（167—168 页）

【黄荣春·福州摩崖石刻 1999】在石门，南向。摩崖高 202 厘米，宽 113 厘米。行书，纵五行，字径 18 厘米。文：淳熙丁未，晦翁来谒鼓山嗣公，游灵原，遂登水云亭，有怀四川子直侍郎。同游者清漳王子合，郡人陈肤仲、潘谦之、黄子方、僧端友。晦翁系朱熹自号，此刻系朱熹奉祠家居期间游鼓山而题之。嗣公，即元嗣长老，鼓山第三十四代住持，福州程氏子。子直，即赵汝愚，时为四川制置使。王子合，名愚，时称东渊先生。陈肤仲，名孔硕，侯官人。淳熙二年（1175 年）进士，官秘阁修撰，著有《北山集》。潘谦之，名柄，怀安人，时称东瓜先生。黄子方，《闽中金石记》记载：“黄琮，字子方，莆田人，元符三年进士，官侯官县事。”此记载有误：一、莆田人并非郡人。二、元符三年（1100 年）距题刻淳熙丁未（1187 年）已有七十八年，加上中进士时年 20 岁左右，刻石时如健在已达 100 岁左右了，不可能知侯官县事。《鼓山志》把文中的“原”字作“源”字。（99 页）

【安宁·朱熹在福州地区的诗联与题刻 2006】在石门南向的摩崖上有行书曰：“淳熙丁未（1187 年），晦翁来谒鼓山嗣公，游灵源，遂登水云亭，有怀四川子直侍郎。同游者清漳王子合，郡人陈肤仲、潘谦之、黄子方、僧端友。”在桃石还有“赵子直、朱仲晦淳熙癸卯仲冬丙子同登”一段题刻。这两段题刻证实了朱熹到鼓山，并有题刻。

【杨文新·朱熹在福建的摩崖石刻研究 2010】福州鼓山，“淳熙丁未，晦翁来谒鼓山嗣公，游灵源，遂登水云亭，有怀四川子直侍郎。同游者：清漳王子合，郡人陈肤仲、潘谦之、黄子方、僧端友”，现存，在石门。民国《福建通志》之《福建金石志》卷十“灵源”后多“洞”字。

按语：冯登府《闽中金石志》有“洞”字，《闽中金石志》《闽中金石略》皆写作“灵源”，而非“灵原”。鼓山大顶峰有“灵源洞”石刻，诸家所记不同，可能受此影响。

8. 天风海涛

题刻全文：天风海涛，晦翁为子直书。

所在地：福州鼓山涌泉寺大顶峰

集释：

【明·弘治·八闽通志】大顶峰由小顶峰而上里许，至此不通人迹，宋咸平中丁谓始披榛以登，上有石刻朱文公“天风海涛”四字。（卷四·地理·山川）

【清·乾隆·福州府志】“天风海涛”。朱子为赵子直书，径尺许，镌鼓山大顶峰磐石。（卷七十三·碑碣）

【清·孙星衍、邢澍·环宇访碑录】“天风海涛”四字，朱子正书，无年月。福建闽县。（卷九·南宋）

【清·冯登府·闽中金石志】“天风海涛”，在鼓山屴崱峰上，朱熹取赵汝愚“江月不随流水去，天风直送海涛来”句刻于大顶峰坪。（卷十一·宋六·天风海涛）

【清·道光·重纂福建通志】石刻陈烈《鼓山铭》、徐鹿卿《请雨记》、朱子“天风海涛”四字。傍有“青天白日”四字。（卷五·山川·闽县）

【清·道光·重纂福建通志】天风海涛亭在鼓山大顶峰，淳熙间建。赵汝愚诗“江月不随流水去，天风直送海涛来”，朱文公爱之，遂书四字于石，因名亭。（卷三八·古迹·闽县）

【清·陈棨仁·闽中金石略】朱文公书一段。“天风海涛”，径尺许，在大顶峰盘石。案赵汝愚鼓山诗“江月不随流水去，天风直送海涛来”，朱子盖取此。《丹铅总录》谓：“今人不知为赵公诗。”《榕阴新检》又讥：“升庵不知此诗此书在鼓山，可发一笑，其说正如蝉螳雀弹互议其后不直捧腹。”（卷六·宋四·鼓山宋人榜书八段）

【民国·福建通志】在屴崱峰顶石坪上。“天风海涛”。《杨升庵集》云：赵汝愚诗“江月不随流水去，天风直送海涛来”，朱文公爱之，遂书四字于石。（金石·卷十一·宋六·鼓山朱子书）

【高令印·朱熹事迹考 1987】光宗绍熙二年（公元一一九一年）九月二十日，赵子直游福州鼓山涌泉寺，赋诗刻石于涌泉寺石门左边。朱熹取其诗中“天风直送海涛来”句中之“天风海涛”四字书之。刻于涌泉寺大顶峰盘石，现在仍存。……“青天白日”四字非朱熹真迹。……赵汝愚的诗刻于光宗绍熙二年（公元一一九一年）九月，因此朱熹书“天风海涛”当然是在此之后。……应为行书，不是正书。……朱熹的女婿刘学谷之孙（即曾外孙）刘霆在鼓山龙头泉右亦有手书诗刻记载朱熹“天风海涛”石刻。其序曰：“岁在淳祐丁未之秋，建州刘霆、侍兄□□山二表，同诸丈登石鼓，酌涌泉，追忆旧游，晃如一日；再获拜观文公先生外大祖书赵公‘天风海涛’之句，感慨久之，敬识小诗。佛尘并简住山信和尚。”（197—200 页）

【黄荣春·福州摩崖石刻 1999】在绝顶峰北坡集水池左前侧，北侧。摩崖高 217 厘米，宽 60 厘米。楷书，纵 2 行，字高 48 厘米，宽 39 厘米。文：天风海涛。晦翁为子直书。“天风海涛”四字取自赵子直在石门诗刻中“江月不随流水去，天风直送海涛来”之句。晦翁系朱熹自号，子直即赵汝遇。（115 页）

【安宁·朱熹在福州地区的诗联与题刻 2006】在鼓山绝顶峰北坡积水池左前侧，题刻“天风海涛”四字，为楷书，字高 48 厘米、宽 39 厘米，落款“晦翁为子直书”。显然，这是朱熹所题。赵子直石门诗刻《游鼓山》：“几年奔走厌尘埃，此日登临亦快哉！江月不随流水去，天风直送海涛来。故人契阔情何厚，禅客飘零事已灰。堪叹世人祗如此，危栏独倚更徘徊。”“天风海涛”四字取自子直诗句。……“天风海涛”四字，还曾被摹刻于福州西郊环峰山盘石上。

【黄荣春·福州十邑摩崖石刻 2008】行楷，纵 2 行，字高 48 厘米，宽 39 厘米。文：“天风海涛。晦翁为子直书。”（73 页）

【杨文新·朱熹在福建的摩崖石刻研究 2010】福州鼓山，“天风海涛，晦翁为子直书”，现存，在大顶峰。

按语：《福州摩崖石刻》将“赵汝愚”误写为“赵汝遇”。“天风海涛”有多处摹刻，如福州西郊环峰山。厦门白鹿洞寺后的巨岩上，有 1934 年杨廷玉摹刻朱熹的手迹“天风海涛”四个大字，行楷直题。

9. 天风海涛

题刻全文：天风海涛

所在地：福州环峰山

集释：

【黄荣春·福州摩崖石刻 1999】在环峰山盘石上，行书，纵 3 行。正文字高 48 厘米，宽 44 厘米；旁款字径约 18 厘米。文：天风海涛。朱熹书。“天风海涛”四字分列两行，中署：“朱熹书。”《闽中金石略》记载环峰山“天风海涛”四字系摹鼓山绝顶峰朱熹石刻。（351 页）

【安宁·朱熹在福州地区的诗联与题刻 2006】“天风海涛”四字，还曾被摹刻于福州西郊环峰山盘石上。

【杨文新·朱熹在福建的摩崖石刻研究 2010】福州环峰山，“天风海涛，朱熹书”，现存。

按语：此处“天风海涛”石刻为鼓山绝顶峰摹刻。

10. 海晏河清

题刻全文：海晏河清

所在地：福州鼓山

集释：

【黄荣春·福州十邑摩崖石刻 2008】在鼓山石门，南向。摩崖高 170 厘米，宽 125 厘米。行楷，纵 2 行，字高 51 厘米，宽 42 厘米。文：海晏河清。海晏河清，或云河清海晏，意为黄河水清，沧海波平，旧时用以形容天下太平。（109 页）

按语：《福州十邑摩崖石刻》标注“疑刻”。“海晏河清”，黄河水清，大海平静，比喻天下太平。唐代薛逢《九日曲池游眺》：“正当海晏河清日，便是修文偃武时”。

11. 鹤林

题刻全文：鹤林

所在地：福州岳峰镇鹤林村凤邱山

集释：

【清・乾隆・福州府志】“凤邱”、“鹤林”。朱子大书，镌闽县凤邱山。（卷七十三・碑碣）

【清・冯登府・闽中金石志】“鹤林、凤邱”，在福州郡东门外凤邱山，朱子书“凤丘”二字。又“鹤林”二字，亦朱子书。（卷十一・宋六・鹤林凤邱）

【民国・福建通志】“凤邱”、“鹤林”。《续笔精》云：闽县城东五里有凤邱山，宋绍兴中真人彭耜修炼于此，真人号“鹤林”，岩壁上朱晦翁大书“鹤林”二字勒之，白玉蟾常来其间。衍案，曹石仓《名胜志》云：侯官县城东稍南为宝月山，里许为金鸡山，又里许为凤邱山。宋邑人彭耜隐居于此，与妻潘芷珠煮炼九鼎后俱尸解，封鹤林真人。朱晦翁因书“凤邱”、“鹤林”四大字。（金石・卷十一・宋六・凤邱山朱子书）

【黄荣春・福州摩崖石刻 1999】在“凤丘”题刻北侧 20 多米处的另一块大岩石上，南向。摩崖高 210 厘米，宽 110 厘米。楷书，纵 1 行，字径 84 厘米，文：鹤林。《辞海》记载：鹤林，释迦牟尼逝世之处。在印度枸尸那迦城（约今迦夏城）郊。相传释迦牟尼于娑罗树间入灭，树一时开花，林色变白，如鹤之群居，故名。王融《法门颂启》：“鹤林双树，显究竟以开氓。”亦泛称佛寺旁的树林。（329—330 页）

【黄荣春・福州摩崖石刻 1999】与上段“鹤林”题刻在同岩石上，西向。楷书，纵 1 行，字高 90 厘米，宽 93 厘米。文：鹤林。（330 页）

【安宁・朱熹在福州地区的诗联与题刻 2006】在“凤丘”题刻的北侧一块大石的南向与西向同时题刻“鹤林”楷书二字。相传均为朱熹亲笔所书。

【杨文新・朱熹在福建的摩崖石刻研究 2010】福州凤丘山，“鹤林”，现存，存疑。

按语：“鹤林”石刻有两段，位于同一块岩石的南向和西向，西向“鹤林”题刻有描红。

12. 凤丘

题刻全文：凤丘，晦翁。

所在地：福州岳峰镇鹤林村凤邱山

集释：

【清·乾隆·福州府志】“凤邱”、“鹤林”。朱子大书，镌闽县凤邱山。（卷七十三·碑碣）

【清·冯登府·闽中金石志】“鹤林、凤邱”，在福州郡东门外凤邱山，朱子书“凤丘”二字。又“鹤林”二字，亦朱子书。（卷十一·宋六·鹤林凤邱）

【民国·福建通志】“凤邱”、“鹤林”。（金石·卷十一·宋六·凤邱山朱子书）

【黄荣春·福州摩崖石刻 1999】凤丘山，在福州东郊凤丘山西坡，海拔 79.8 米，山上怪石嵯峨，……西向。摩崖高 247 厘米，宽 128 厘米。纵 2 行，正文楷书，字高 105 厘米，宽 108 厘米。旁款行草，字径 12 厘米。文：凤丘。晦翁。《福建金石志》记载：“凤邱山，宋邑人彭耜隐居于此，与妻潘芷珠煮炼九鼎后俱尸解，封鹤林真人。朱晦翁因书‘凤邱’、‘鹤林’四大字。”“邱”当为“丘”字，此书记载有误。（329 页）

【安宁·朱熹在福州地区的诗联与题刻 2006】在福州东郊岳峰镇鹤林村的凤丘山崖壁上题刻有“凤丘”二字楷书，字高 105 厘米、宽 108 厘米，落款“晦翁”。

【杨文新·朱熹在福建的摩崖石刻研究 2010】福州凤丘山，“凤丘，晦翁”，现存，在东郊岳峰镇鹤林村，存疑。

按语：“凤丘”及凤丘山，府志多写作“凤邱”及凤邱山。

13. 挹山

题刻全文：挹山，晦翁。

所在地：福州环峰山

集释：

【黄荣春·福州摩崖石刻 1999】在环峰山上。楷书，横纵各 1 行，正文字高 35 厘米，宽 32 厘米；旁款字径 5 厘米。文：挹山。晦翁。此刻未见前人著录。（351 页）

【安宁·朱熹在福州地区的诗联与题刻 2006】朱熹在福州西郊环峰山的石崖上题刻有“挹山”二字楷书，字高 35 厘米、宽 32 厘米，旁款“晦翁”，但此题刻已毁。

【杨文新·朱熹在福建的摩崖石刻研究 2010】福州环峰山，“挹山，晦翁”，佚刻。

14. 仙苑

题刻全文：仙苑，晦翁书。

所在地：福州马尾西岩寺后院悬崖上

集释：

【黄荣春·福州摩崖石刻 1999】长安摩崖石刻，在马尾区亭江镇长安（古称塘湾）西岩寺后院悬崖上。摩崖南向，高 180 厘米，宽 190 厘米。纵 2 行，正文楷书，字高 59 厘米，宽 53 厘米；旁款行草，字径 5.2 厘米。文：仙苑。晦翁书。晦翁为朱熹自号。朱熹避伪学禁时住在距长安村数公里的龙柄村（今称长柄村），其间曾游塘湾而留此题刻。清四川夔州知府王有树为长柄朱子祠撰书《龙津书院祀典记》，碑文记载：“吾里龙柄，宋之铁冶场也。自绍熙五年（1194 年）伪学之禁，紫阳朱夫子避地居此。”《宋史·列传》记载庆元“二年（1196 年）沈建祖为监察御史，诬熹十罪，诏落职罢祠。”两段文字记载说明朱熹此榜书当刻于绍熙五年至庆元二年之间或其之后，此刻不见方志记载，镌刻具体年月有待进一步考证。（359 页）

【安宁·朱熹在福州地区的诗联与题刻 2006】在福州亭江长安西岩寺后院悬崖南向上，题刻有“仙苑”二字，楷书，字高 59 厘米、宽 53 厘米，旁款“晦翁书”。此题刻时间在绍熙五年（1194 年）之后。

【杨文新·朱熹在福建的摩崖石刻研究 2010】福州马尾西岩寺，“仙苑，晦翁书”，现存，在寺后院悬崖上。

15. 福

题刻全文：福

所在地：福州乌石山

集释：

【清·乾隆·福州府志】楷书，高一丈余，乌石山观音岩，朱子书。滂有“开禧丁卯正月，郡人张元简”十一字。（卷七十三·碑碣）

【清·冯登府·闽中金石志】福字，开禧三年。在乌石山观音岩，字大盈丈，朱子书，今名福字坪。《福州府志》：傍有“开禧丁卯正月，郡人张元简”十一字。按元简，闽县人，嘉定七年进士，官制置副使，见《郝志》。（卷十·宋五·福字）

【清·道光·乌石山志】福字坪在双峰梦下。宋朱文公楷书“福”字，丈余，镌石因名。（卷一·名胜）

【清·道光·乌石山志】“福”，俗传朱子书。楷书，高丈余，镌观音岩旁。（卷六·石刻）

【清·道光·重纂福建通志】“福”字在乌石山观音岩。字大盈丈，朱子书。今名福字坪。旁有“开禧丁卯正月郡人张元简”十一字。按元简，闽县人，嘉定七年进士。（卷三九·古迹·侯官县）

【清·陈棨仁·闽中金石略】“福”，正书，大丈余。……右“福”字，俗传朱子书。又或疑为张元简书，莫能明也。（卷六·宋四·乌石山宋人榜书九段）

【高令印·朱熹事迹考 1987】同是一本书，卷六《石刻》说法却与上引卷一《名胜》肯定语气不同。……此所讲“俗传朱子书”是不肯定的语气。（244 页）

【安宁·朱熹在福州地区的诗联与题刻 2006】在观音岩上题刻了字径 3 米多的楷书“福”字。

按语：原先的“福”字位于双峰梦下，和鼓山喝水岩朱熹所题“寿”字并称“福寿齐天”。二十世纪五六十年代，因建水塔，题刻被毁。2009 年 4

月在乌山北坡紫清园重建福字坪，现在的“福”字位于白猴洞左侧岩石上，为新刻，字径 4.25 米，左边镌刻“晦翁”。

16. 寿

题刻全文：寿

所在地：福州鼓山涌泉寺

集释：

【明・王世懋・游古山记】最巨者，涧下一石，高正得二丈，镌一“寿”字，拓工方施纸就拓焉。（《名山游记・游古山记》）

【明・王应山・闽都记】灵源洞在涌泉寺之左，岩窦嵌怪石，下数十级以入，其中高广数寻。五代梁徐寅有十七咏诗。并记朱子镌“寿”字。甚巨，于洞中。（卷三）

【清・乾隆・福州府志】楷书，高二丈余，镌鼓山喝水岩桥下，朱子书。（卷七十三・碑碣）

【清・孙星衍、邢澍・环宇访碑录】大“寿”字，朱子正书，无年月。浙江仁和赵氏拓本。（卷九・南宋）

【清・冯登府・闽中金石志】朱熹寿字，在鼓山喝水岩洞壑中石壁上，字大丈余。（卷十一・宋六・朱熹寿字）

【清・陈棨仁・闽中金石略》】“寿”，正书，径一丈余，在喝水岩，俗传朱子书。（卷六・宋四・鼓山宋人榜书八段）

【民国・福建通志】又石陛上有“寿”，大丈余，朱子书。（山川・卷五・闽县）

【民国・福建通志】又，在喝水岩桥下，正书，高二丈余，“寿”。《福州府志》云朱子书。（金石・卷十一・宋六・鼓山朱子书）

【民国・林尔嘉・闽中金石略考证】《鼓山志》注：高二丈余，刻喝水岩下，相传朱子书。（卷三・宋四）

【中国新闻社福建分社・“寿”与“佛”——闽山石刻丛谈 1981】据悉，去年福州市文物管理部门在对鼓山现存历代重要石刻一一作拓本的过程中，进一步证实这“寿”字不是朱熹所书。他们发现“寿”字右侧有“淳祐壬寅季秋”六字年款，左侧署名为“周□□□书”，中间二字已剥落，上下款字迹一致，字径盈尺，但书体与“寿”字有异。因此他们有两种看法，其一认为，淳祐壬寅是公元一二四二年，此时朱熹已逝世四十二年，此“寿”字很可能为南宋人周自介书。以周在福州乌石山上现存的题刻字迹对照，亦相若。另一说认为，上下款书体不同于“寿”字，大小亦不相称，而且风化程度比“寿”字严重。“书”字之上尚有一个金旁的字，金旁现仍依稀可辨，与周自介的“介”字不相干。由此他们设想，此处原有一淳祐壬寅的题刻，后为人磨去，再镌上此“寿”字。究竟如何，至今未有定论。

【高令印·朱熹事迹考 1987】“寿”字刻在蹴鳌桥下的石壁上，正书，径四米，啄、趺、圭角皆露，面貌古朴苍老。左下角旁款署“晦翁”二字，径约零点一五米。此刻笔画粗肥如椽，是福建名山石刻现存字体中最大者。最早记载此“寿”字的是明人王世懋。……王世懋补说此“寿”为何人所书，王为明万历年间人。既然在明朝万历年间已有“寿”字拓本，说明它早在十六世纪以前就已经存在了。清人王应山在《闽都记》卷三中曰：“灵源洞在涌泉寺之左，岩窦嵌怪石，下数十级以入，其中高广数寻。五代梁徐寅有十七咏诗。并记朱子镌‘寿’字。甚巨，于洞中。”这是最早记载“寿”字为朱熹所书的。……怀疑此“寿”字是否为朱熹所书起于民间。一些有人把朱熹在鼓山大顶峰盘石摩崖“天风海涛”、灵源洞石门左侧游踪摩崖，以及他在其他地方的墨迹，彼此对照，认为字迹有些不同。此外，又觉得在明朝万历年间之前有关鼓山的文字记载均未说及此“寿”字。……这里是说“相传”，不曰“俗传”。这样就认为“晦翁”题款是后人据“相传”或“俗传”加上去的。（245—246 页）

【黄荣春·福州摩崖石刻 1999】在灵源洞蹴鳌桥下西壁，东向。楷书，正文字高 415 厘米，宽 305 厘米；旁款字径约 12 厘米。文：寿。晦翁。两旁又楷书：“淳祐壬寅秋，□□□书。”晦翁，即朱熹自号。明《闽都记》、清《鼓山志》均记载“寿”字为朱熹所书；《闽中金石志》、《闽中金石略》、《闽中金石记》、《福建全石志》，以及刘喜海《鼓山题名石刻》等方志也皆认为“寿”字是朱熹所书；惟近10多年来史学界对“寿”字是否为朱熹所书又争议，有人认为淳祐壬寅为1424年，朱熹死于1200年，相距达四十二年，故“寿”字非朱熹书。亦有人认为淳祐壬寅残刻字体与“寿”字不同，且与“寿”字题刻距离较远，当为后人的一段题刻；“寿”字的字体，特别是旁款“晦翁”两字字体与朱熹在鼓山灵源洞字体相同，故而不能否认“寿”字是朱熹手迹。（115页）

【安宁・朱熹在福州地区的诗联与题刻2006】朱熹还于淳祐壬寅秋在灵源蹴鳌桥下西壁题刻“寿”字，为楷书，字高415厘米、宽305厘米，落款“晦翁”。此“寿”字，创下了福州地区摩崖单字榜书古石刻之最。

【黄荣春・福州十邑摩崖石刻2008】旁款行草，字径约12厘米。……笔者认为淳祐壬寅残刻字体与“寿”字不同，且与“寿”字题刻距离较远，当为后人的一段题刻；“寿”字的字体，特别是旁款“晦翁”两字字体与朱熹在鼓山石门、凤丘山、乌石山、长安村等地题刻的字体相同，故而不能否认“寿”字是朱熹手迹。（73—74页）

【杨文新・朱熹在福建的摩崖石刻研究2010】福州鼓山，“寿”，现存，在大顶峰，存疑。

按语：“寿”字高4.15米，宽3.05米，刻在灵源洞蹴鳌桥下深涧岩壁。《福州十邑摩崖石刻》一书中“淳祐壬寅秋”的“祐”字缺漏。《朱熹事迹考》所说“清人王应山”应是明代人。

17. 福

题刻全文：福

所在地：福州马尾区亭江镇东岐村东岐山

集释：

【黄荣春・福州摩崖石刻1999】在山的西麓，位于码头边两块相邻岩石上各阴刻一大字，西向。楷书，字径分别为103厘米、140厘米。文：福、寿。乡民传说“福寿”是朱熹撰书，从笔记推断，不似朱熹所书。（360页）

【安宁·朱熹在福州地区的诗联与题刻2006】在亭江东岐山西麓的码头边两块岩石上各题刻楷书“福”与“寿”字，字径1米多，相传为朱熹所书。

【黄荣春·福州十邑摩崖石刻2008】相传“福寿”两字是朱熹避伪学禁时到此撰书，但从笔迹推断，不似朱熹所书。（132页）

【杨文新·朱熹在福建的摩崖石刻研究2010】福州东岐山，“福”，现存，在马尾区亭江镇东岐村，无旁款，待考。

18. 寿

题刻全文：寿

所在地：福州马尾区亭江镇东岐村东岐山

集释：

【黄荣春·福州摩崖石刻1999】在山的西麓，位于码头边两块相邻岩石上各阴刻一大字，西向。楷书，字径分别为103厘米、140厘米。文：福、寿。乡民传说“福寿”是朱熹撰书，从笔迹推断，不似朱熹所书。（360页）

【安宁·朱熹在福州地区的诗联与题刻2006】在亭江东岐山西麓的码头边两块岩石上各题刻楷书“福”与“寿”字，字径1米多，相传为朱熹所书。

【黄荣春·福州十邑摩崖石刻2008】相传“福寿”两字是朱熹避伪学禁时到此撰书，但从笔迹推断，不似朱熹所书。（132页）

【杨文新·朱熹在福建的摩崖石刻研究2010】福州东岐山，“寿”，现存，在马尾区亭江镇东岐村，无旁款，待考。

19. 天衢

题刻全文：天衢

所在地：福州马尾区亭江镇

集释：

【黄荣春·福州摩崖石刻1999】芴山摩崖石刻，在马尾区亭江镇象洋村芴山山腰，位于约60米高的悬崖绝壁上。摩崖高2米，宽1.2米。东向。楷书，横1行，字径100厘米。文：天衢。天衢，指天空高远广大，无处不通，好像广阔的街道一样。犹言天途、天路。《汉书·叙传下》：“攀龙附凤，并乘天衢。”相传“天衢”两字为朱熹所书，笔者于1988年3月9日从悬崖右侧迂回攀登其上，不见落款，且“衢”字左半边已有些模糊不清。（361页）

20. 自成桥

题刻全文：自成桥

所在地：福州城门山

集释：

【黄荣春·福州摩崖石刻1999】在自成桥边，西向。摩崖高55厘米，宽50厘米。楷书，横1行，字径50厘米。文：自成桥。自成桥为天然形成的石桥，桥长约3米，宽1米，高50厘米，横跨龙溪溪涧，旁边原刻有“自成桥”三字，清《榕城考古略》云：“鳌顶峰有自成桥，为朱子题刻。”现“自成桥”三字系1994年乡人重镌。（344页）

按：黄荣春《福州摩崖石刻》340页还记载1994年由郑恒旺等人把诗文镌于自成桥边的岩石上，“自成桥”三字另镌于溪对岸。

21. 岩屏

题刻全文：岩屏

所在地：福州城顶村

集释：

【黄荣春·福州摩崖石刻1999】在城顶村郑湜故居遗址前，南向。摩崖高170厘米，宽80厘米。楷书，横1行，字高45厘米，宽43厘米。文：岩屏。……清乾隆二十三年修纂的《城山郑氏族谱》刊登王在镐“城山十景赋”云：“湜先生故居遗址前有石如屏，镌曰‘岩屏’；右有石如障，镌曰‘石障’。”1992年重修的《城山郑氏族谱》云“岩屏、石障”为朱熹所书，是否为朱熹书待考。（344页）

22. 石障

题刻全文：石障

所在地：福州城顶村

集释：

【黄荣春·福州摩崖石刻 1999】右侧 10 多米岩壁上原还有“石障”二字，已毁于 50 年代。清乾隆二十三年修纂的《城山郑氏族谱》刊登王在镐“城山十景赋”云：“湜先生故居遗址前有石如屏，镌曰‘岩屏’；右有石如障，镌曰‘石障’。”1992 年重修的《城山郑氏族谱》云“岩屏、石障”为朱熹所书，是否为朱熹书待考。（344 页）

23. 华峰

题刻全文：华峰

所在地：福州北峰林阳寺

集释：

【安宁·朱熹在福州地区的诗联与题刻 2006】在福州北峰岭头乡石牌村的“朱熹讲学处”，有朱熹手迹“华峰”二字石刻。

【杨文新·朱熹在福建的摩崖石刻研究 2010】福州北峰林阳寺，“华峰”，现存。

按语：杨文新《朱熹在福建的摩崖石刻研究》一文说“华峰”石刻在《福州摩崖石刻》360 页，核查《福州摩崖石刻》360 页并无“华峰”的记载。岭头乡属福州市晋安区所辖，现已撤销，并入寿山乡。

24. 龙门

题刻全文：龙门

所在地：福州马尾闽安镇城隍顶

集释：

【黄荣春·福州摩崖石刻 1999】在赵与滂诗刻左侧，西向。摩崖高 200 厘米，宽 110 厘米。楷书，纵 1 行，高 86 厘米，宽 76 厘米。文：龙门。相传朱熹避伪学禁时游览于此，为祀禹疏河决江凿龙门而书“龙门”两字。题刻年号和姓名已风化无存，但从赵与滂诗刻“淳祐辛亥三月□□四明赵蔗境与滂题于‘龙门’之右”的字句推断，“龙门”两字题刻当早于赵与滂诗刻，是否为朱熹所书，待考。（362 页）

【杨文新·朱熹在福建的摩崖石刻研究 2010】福州马尾闽安镇，“龙门”，现存，在城隍顶，待考。

25. 文山秀气

题刻全文：文山秀气

所在地：福州文山

集释：

【民国·福建通志】朱文山子书，正书，在文山，“文山秀气”。（金石·卷十一·宋六·文山朱子书）

（二）闽侯县

1. 怡山良石，神仙所居

题刻全文：怡山良石，神仙所居。

所在地：闽侯五虎山

集释：

【清·乾隆·福州府志】“怡山良石，神仙所居。”朱子大书，镌闽县方山灵壁岩。（卷七十三·碑碣）

【民国·福建通志】怡山良石，神仙所居。雍正《通志》云：山为汉仙人介琰隐居处，有石坛、石床、石棋局，朱熹书。《叶记》云：刻方山灵璧岩。（金石·卷十一·宋六·方山石刻）

【安宁·朱熹在福州地区的诗联与题刻 2006】在闽侯县祥谦镇的五虎山，朱熹在灵璧岩上题刻“怡山良石，神仙所居”八字。

【杨文新·朱熹在福建的摩崖石刻研究 2010】福州闽侯五虎山，“怡山良石，神仙所居”，现存。

（三）长乐市

1. 德成

题刻全文：德成

所在地：长乐筹峰山

集释：

【明·何乔远·闽都记】筹峰山，在县东北，慎思读书所。朱子题其岩曰“德成”，以水部德成于此也。（卷二十六·郡东长乐胜迹）（248页）

【清·乾隆·福州府志】“德成”。朱子书，镌长乐筹峰石室。（卷七十三·碑碣）

【清·冯登府·闽中金石志】“德成”，在长乐筹峰石室，朱子书。（卷十一·宋六·德成）

【民国·福建通志】筹峰石室朱子书，在长乐，“德成”。《闽书》云：筹峰山有唐林慎思读书石室，朱晦翁题之曰“德成”，以慎思德成于此也。（金石·卷十一·宋六·筹峰石室朱子书）

【杨文新·朱熹在福建的摩崖石刻研究 2010】福州长乐筹峰山，“德成”，现存。

2. **魁龙**

题刻全文：魁龙

所在地：长乐龙泉山

集释：

【清·乾隆·福州府志】“魁龙”。朱子书，镌长乐龙泉山。（卷七十三·碑碣）

【清·冯登府·闽中金石志】“魁龙”，在长乐龙泉山，朱子书。（卷十一·宋六·魁龙）

【民国·福建通志】“魁龙”，《隐拙斋集》云在长乐。（金石·卷十一·宋六·龙泉山朱子书）

3. **朝阳**

题刻全文：朝阳

所在地：长乐五峰山

集释：

【清·乾隆·福州府志】“朝阳”。朱子书，镌长乐五峰山。（卷七十三·碑碣）

【清·冯登府·闽中金石志】“朝阳”，在长乐五峰山，朱子书。（卷十一·宋六·朝阳）

【民国·福建通志】“暨朝阳”，《隐拙斋集》云在长乐。（金石·卷十一·宋六·五峰山朱子书）

按语：“朝阳”，民国《福建通志》作“暨朝阳”，误。

4. **去华才翁**

题刻全文：去华才翁

所在地：长乐芝山

集释：

【清·乾隆·福州府志】“去华才翁”。楷书，镌长乐县芝山石屏。（卷七十三·碑碣）

【清·冯登府·闽中金石志】“去华才翁”，镌芝山石屏，在长乐，朱子书。按《三山志》：观音寺，庆历中监司苏、邵二公，刻四字。（卷十一·宋六·去华才翁）

按语：南宋梁克家《三山志》卷第三十五云：“观音寺，宾贤里。同年置。本大夫王想之宅，宅背有岩，中有古观音像，像后，芝草覆焉。因舍为寺。石屏，庆历中，监司苏、邵二公刻‘去华才翁’四字。”庆历（1041年—1048年）是宋仁宗赵祯的年号。邵饰，字去华。苏舜元，字子翁，一作才翁，苏舜钦之兄。乾隆《福州府志》未云为朱子书，《闽中金石志》云为朱子书，《三山志》记载为苏、邵二公刻。

5. **读书处**

题刻全文：读书处

所在地：长乐潭头镇二刘村

集释：

【明·王佐·新增格古要论】“读书”二大字，朱子书与刘砺，刻于方安

里三宝岩，在长乐县。（卷三·新增各处碑帖·福建）

【清·乾隆·福州府志】“读书处”。朱子书，镌长乐晦翁岩。（卷七十三·碑碣）

【清·孙星衍、邢澍·环宇访碑记】“读书处”三字，朱子正书，无年月。福建长乐。（卷九·南宋）

【清·冯登府·闽中金石志】《闽书》：在长乐筹峰山，山中岩为宋刘砥、刘砺读书之所，晦翁手题“读书处”，镌于石，有祠祀，晦翁以二刘配之。按，砥字履之砺字用之，乾道间俱中童子科并学于之子之门。蔡元定、黄榦尝往来其斋，颜其室曰龙峰岩。（卷十一·宋六·读书处）

【清·道光·重纂福建通志】朱子留山中最久，大书“读书处”三字镌石门上，后人谓之晦翁岩。（卷四〇·古迹·长乐县）

【民国·福建通志】“读书处”，《闽书》云：在长乐筹峰山，山中岩为宋刘砥、刘砺读书之所，晦翁手题“读书处”，镌于石，有祠祀，晦翁以二刘配之。《冯志》云：砥字履之砺字用之，乾道间俱中童子科并学于之子之门。（金石·卷十一·宋六·二刘读书处题字）

【高令印·朱熹事迹考 1987】朱熹爱书“读书”、“读书处”榜，在福建各地屡见之。……在长乐，据记载：“朱熹书‘读书’二大字，在长乐方安里三宝岩。”（清孙岳颁《佩文斋书画谱》卷三五《家书传》一四《朱熹》，清黄锡蕃《闽中书画录》卷一五《流寓》）（205—206 页）

【安宁·朱熹在福州地区的诗联与题刻 2006】在长乐潭头镇二刘村龙峰岩题刻有“读书处”三字，相传为朱熹所题。后人称其岩为“晦翁岩”，岩下建有一所“龙峰书院”。

【黄荣春·福州十邑摩崖石刻 2008】在晦翁岩。摩崖高 330 厘米，宽 110 厘米。楷书，纵 1 行，字高 90 厘米，宽 60 厘米。文：读书处。岩旧为宋朱熹讲学处。朱熹曾作“读书处”三字勒石，年久漫沕。郑世威，字中孚，号环浦，阳夏（今首占）人，明嘉靖八年（1529 年）进士。初授户部主事，累官至刑部右侍郎。隆庆初谢病归。工书，尤擅榜书。居林下日，乐山水游。

时常熟蒋以忠进士知县事，恒刑缓征，有政声，隆庆四年（1570 年）游晦翁岩，见朱熹旧刻“读书处”三字模糊，请郑世威补书，蒋以忠刻石。郑世威、蒋以忠二人在《长乐县志》中均有记载。（176—177 页）

【杨文新・朱熹在福建的摩崖石刻研究 2010】福州长乐龙峰岩，“读书处”，现存。

按语：长乐方安里三宝岩初名龙峰岩，今名晦翁岩，俗称二刘岩。

6. 豹变岩

题刻全文：豹变岩

所在地：长乐湖南镇过洋店村

集释：

【安宁・朱熹在福州地区的诗联与题刻 2006】在湖南镇过洋店村，朱熹题刻有“豹变嵒”三字。

【杨文新・朱熹在福建的摩崖石刻研究 2010】福州长乐湖南镇过洋店村，“豹变岩”，现存。

7. 溪山第一

题刻全文：溪山第一

所在地：长乐屏山

集释：

【清・乾隆・福州府志】“溪山第一”。朱子书，镌长乐屏山下三溪。（卷七十三・碑碣）

【清・冯登府・闽中金石志】溪山第一，朱子书，在长乐平山下。（卷十一・宋六・溪山第一）

【民国・福建通志】“溪山第一”，《冯志》云：在长乐屏山下。（金石・卷十一・宋六・三溪朱子书）

按语：冯登府《闽中金石志》目录作“溪山第一”，正文误作“溪居第一”。《闽中金石志》“屏山”作“平山”。

（四）福清市

1. 蟠桃坞

题刻全文：蟠桃坞

所在地：福清灵石寺

集释：

【清·乾隆·福州府志】“蟠桃坞”。朱子书，镌福清灵石寺。（卷七十三·碑碣）

【清·孙星衍、邢澍·环宇访碑记】“蟠桃坞”三字，朱子正书，无年月，福建福清。（卷九·南宋）

【清·冯登府·闽中金石志】“闻读”、“香山洞”、“蟠桃坞”在福清县，朱子书。（卷十一·宋六·闻读 香山洞 蟠桃坞）

【民国·福建通志】“蟠桃坞”，《福建续志》云：在福清灵石寺，朱子书。（金石·卷十一·宋六·灵石寺题字）

2. 闻读

题刻全文：闻读

所在地：福清闻读山

集释：

【清·乾隆·福州府志】“闻读”。朱子书，镌福清闻读山。（卷七十三·碑碣）

【清·冯登府·闽中金石志】“闻读”、“香山洞”、“蟠桃坞”在福清县，朱子书。（卷十一·宋六·闻读 香山洞 蟠桃坞）

【民国·福建通志】闻读山朱子书，“闻读”，《冯志》云：在福清闻读山。（金石·卷十一·宋六·闻读山朱子书）

3. 香山洞

题刻全文：香山洞

所在地：福清海口镇瑞岩山

集释：

【清·孙星衍、邢澍·环宇访碑记】“香山洞”三字，朱子八分书，无年月，福建福清。（卷九·南宋）

【清·冯登府·闽中金石志】“闻读”、“香山洞”、“蟠桃坞”在福清县，朱子书。（卷十一·宋六·闻读 香山洞 蟠桃坞）

（五）闽清县

1. 振衣

题刻全文：振衣

所在地：闽清白中镇普贤村广济岩

集释：

【民国·福建通志】“振衣”，《闽清县志》云：广济岩林壑优美，岩石玲珑。朱文公镌“溪山第一”四字于石碑上。又岩壁镌“振衣”二大字。明观察曹学佺亦题“佛国天开”四字于门额。（金石·卷十一·宋六·广济岩石刻）

【民国·刘强·朱晦翁与闽清】十五都广济岩，林壑幽美，岩石玲珑，……又镌“振衣”两大字于岩壁。

【福建闽清摩崖石刻、碑刻 2016】据《闽清县志》载：“振衣”二字为朱熹所书。石刻为横书阴刻，“振”字径 30 厘米，“衣”字径 37 厘米。落款作“龙石吴子道口书”。字迹圆润苍老、古朴凝重。《楚辞·渔父》中曰：“新沐者必弹冠，新浴者必振衣。”谢眺（按：应作“朓”）《观朝雨》诗云：“平明振衣坐，重门犹未开。”（该石刻县志上作朱熹书有误，待考。）

按语：“振衣”，王逸注“去尘秽也”，指抖衣去尘。志书多记“振衣”为朱熹书，但今见其落款为“龙石吴子道口书”。

2. 溪山第一

题刻全文：溪山第一

所在地：闽清广济岩

集释：

【清·道光·重纂福建通志】广济寺在十五都，宋绍兴间建。林木葱郁，下有龙潭梅坞碑，镌“溪山第一”，……朱子书。（卷二六四·寺观·闽清县）

【民国·闽清县志】溪山第一石刻在十五都广济岩。林壑优美，岩石玲珑。朱文公镌“溪山第一”四字于石碑上。（卷六·金石）

【民国·福建通志】“溪山第一”……《闽清县志》云：广济岩林壑优美，岩石玲珑。朱文公镌“溪山第一”四字于石碑上。又岩壁镌“振衣”二大字。明观察曹学佺亦题“佛国天开”四字于门额。（金石·卷十一·宋六·广济岩石刻）

【民国·刘强·朱晦翁与闽清】十五都广济岩，林壑幽美，岩石玲珑，朱文公书“溪山第一”四字与石碑上。

【陈捷·朱熹手书岩刻藏在闽清深山 2008】朱熹为避学禁多次来闽清，在梅溪坪、鼎峰、广济岩、珠峰、后峰、白岩山等处分别题刻“梅溪”、“龙门”、“溪山第一”、“观云岫”、“留云”、“八闽岳祖”等字。前五处真迹今尚存，但白岩“八闽岳祖”四字因年久风化，屡觅不见。

【杨文新·朱熹在福建的摩崖石刻研究 2010】福州闽清广济岩，“溪山第一”，现存。

按语：福建境内多处有“溪山第一”题刻。明嘉靖《延平府志》卷一二《学校》：“尤溪南溪书院，祀朱文公。内有桥，有朱熹手书‘溪山第一’四字。”清乾隆《延平府志》卷一〇《学校》：“尤溪南溪书院，祀宋朱韦斋。内有桥，有朱熹手书‘溪山第一’四字。”

3. **龙门**

题刻全文：龙门

所在地：闽清鼎峰

集释：

【清·道光·重纂福建通志】宋龙门精舍在石鼎峰梅溪之阳，山水奇秀，双崖之下传为神龙所居，先儒林学蒙与弟学履俱从朱子学，伪学禁起，学蒙筑室居此，朱子镌“龙门”二字于石。（卷四〇·古迹·闽清县）

【民国·福建通志】“龙门”，《永泰县志》云：在三十二都石鼎峰梅溪之阳，山水奇秀，双崖之下，传为神龙所潜，宋林羽讲学于此，朱考亭横镌“龙门”二字，黄干为《龙门三滩记》。《闽清县志》云：一都鼎峰之阳，林学蒙与弟学履读书处，朱子避伪学之禁，至学蒙家，蒙师事之，朱子为镌“龙门”二字于石。衍案，《闽书》云：鼎峰山界闽清、永福长乐、三县，并见梅溪环流其下，林正卿构龙门巷于山阳，黄干记。《八闽通志》云：林学蒙，字正卿，一名羽，永福人，盖一人一地而两邑志争收之也。（金石·卷十一·宋六·鼎峰山题字）

【民国·刘强·朱晦翁与闽清】在鼎峰之阳有石镌“龙门”两字，故鼎峰书院改为名“龙江”。

【杨文新·朱熹在福建的摩崖石刻研究 2010】福州闽清鼎峰，“龙门”，现存。

4. **留云**

题刻全文：留云，晦翁书。

所在地：闽清下祝乡后峰村垱狮岩

集释：

【民国·福建通志】“留云”，《闽清县志》云：在后峰墩狮岩山中，有石洞。道光九年，邑人林阳春辟榛莽得之，方圆丈余，环生兰桂梅竹，旁勒“留云”二大字，载“朱晦翁”三小字。（金石·卷十一·宋六·狮岩山石刻）

【民国·刘强·朱晦翁与闽清】一都后峰墩狮岩山中有石方围丈余，环生兰，桂，梅，竹，旁勒“留云”两大字。

【黄荣春·福州十邑摩崖石刻 2008】在下祝乡后峰村墩狮岩上。楷书，横纵各 1 行。正文字高 40 厘米，宽 30 厘米。文：留云。晦翁书。（208—209页）

【杨文新·朱熹在福建的摩崖石刻研究 2010】福州闽清后峰，“留云”，现存。

【福建闽清摩崖石刻、碑刻 2016】石刻位于闽清下祝乡后峰村垱狮岩上，为魏书横排阴刻，字径高 30 厘米，宽 40 厘米，落款“晦翁书”三小字。

5. 梅溪

题刻全文：梅溪，晦翁书。

所在地：闽清梅城镇台山脚下梅溪坪

集释：

【清·乾隆·福州府志】“梅溪”。朱子书，镌闽清梅溪坪先农坛下。（卷七十三·碑碣）

【清·冯登府·闽中金石志】“梅溪”，在闽清海坪先农坛下，朱子书。（卷十一·宋六·梅溪）

【清·道光·重纂福建通志】梅溪，以地多植梅得名，朱子镌‘梅溪’二字于梅溪坪龙庵石壁。（卷四〇·古迹·闽清县）

【民国·福建通志】“梅溪”，《福建续志》云：在闽清梅溪坪先农坛下，朱子书。（金石·卷十一·宋六·梅溪坪题字）

【民国·刘强·朱晦翁与闽清】去县城五里曰梅溪坪，上刻“梅溪”两字，笔力雄伟不可多得之墨宝也。

【黄荣春·福州十邑摩崖石刻 2008】在梅城台山脚下梅溪坪先农坛下崖壁。摩崖高 300 厘米，宽 300 厘米。行书，横纵各 1 行。正文字径 50 厘米，旁款字径 10 厘米。文：梅溪。晦翁。相传古时梅溪两岸普植梅树，素有“梅花十里地”之美称。南宋理学家朱熹为避伪学禁，屡到闽清，见山水清幽，梅开花香，泼墨挥毫写就“梅溪”两大字。（208 页）

【杨文新·朱熹在福建的摩崖石刻研究 2010】福州闽清梅溪坪，“梅溪”，现存。

【福建闽清摩崖石刻、碑刻 2016】梅溪坪位于梅城镇台山脚下，梅溪之东畔，赖下桥东北侧。这里，突兀一石岩，由岸壁向溪中延伸，面宽平，可容十余人。岩壁摩崖高 300 厘米，宽 300 厘米。其上石刻为（原文作“位”）

“梅溪”“山清水秀”等。“梅溪”石刻为楷书，横纵各一行，字径 50 厘米见方，落款作“晦翁书”三小字。

6. **观云岫**

题刻全文：观云岫，晦庵。

所在地：闽清东桥镇朱山村

集释：

【清・乾隆・福州府志】“观云岫”。朱子书，镌闽清珠峰。（卷七十三・碑碣）

【清・冯登府・闽中金石志】“观云岫”，在闽清珠峰，朱子书。（卷十一・宋六・观云岫）

【民国・福建通志】“观云岫”，《福建续志》云：在闽清青珠峰，朱子书。（金石・卷十一・宋六・清珠峰题字）

【民国・刘强・朱晦翁与闽清】江北二十一都，距龙津桥三里许，有珠峰者，层峦耸翠，流水潆洄，白云常出入岩穴，故朱文公书“观云岫”三字。

【黄荣春・福州十邑摩崖石刻 2008】在东桥镇朱山村。纵 2 行，正文楷书，字径 40—47 厘米，旁款行草。文：观云岫。晦翁。《民情县志》载：朱熹曾在龙津（今东桥）讲学。见朱峰高耸青翠，流水曲折，云雾缭绕而题“观云岫”三字勒于卧岩。清代在这里建朱子祠，纪年朱熹来梅讲学，还为乡间学子读书提供良好书舍。晦翁题刻左侧有“绍兴甲”、“□书甲”两小行题字，当为他人所刻。朱熹生于建炎四年（1130 年），卒于庆元六年（1200 年），绍兴年间只有甲寅、甲子、甲戌年，其时朱熹或年幼，或未到闽清讲学。（212 页）

【杨文新・朱熹在福建的摩崖石刻研究 2010】福州闽清珠峰，“观云岫”，现存。

【福建闽清摩崖石刻、碑刻 2016】位于东桥镇朱山村南面山麓。旧时朱山曾名珠峰。这里峰高耸萃，流水屈曲，云雾缭绕，与闽侯梧峰遥遥相应。《闽清通志》载朱熹曾在龙津（今东桥镇）讲学，见朱峰高耸清萃，流水曲折，云雾缭绕而题“观云岫”三字勒于卧岩上。落款“晦庵”两小字。在石刻左侧刻有“绍兴甲戌得臣，后乡同登”等十小字。题刻为繁体正楷阴刻直下，字径约 0.4—0.47 米。

按语：晋陶潜《归去来辞》：“云无心以出岫”。后用“云岫”指云雾缭绕的峰峦。“观云岫”即远望云雾缭绕的峰峦。落款应是“晦庵”，而非“晦翁”。

7. 龙溪

题刻全文：龙溪

所在地：闽清上莲乡卑溪村

集释：

【杨文新·朱熹在福建的摩崖石刻研究 2010】福州闽清卑溪，“龙溪”，现存。

【福建闽清摩崖石刻、碑刻 2016】位于闽清上莲乡卑溪村上村坂自然村前洋卑溪东岸石壁。卑溪水流由东向南蜿蜒而去。溪流山涧的磐石上镌刻着“龙溪”两大字。字为阴刻繁体楷书直下，“龙”字径高 74 厘米、宽 71 厘米，“溪”字径高 71 厘米，宽 58 厘米。题刻书法结构严谨、古朴苍劲。相传为南宋理学家朱熹入梅讲学路过此地，见溪流飞奔宛如蛟龙出水，欣然书就。在石刻内侧的石壁上镌刻“仙居岩”三小字，不见署名。两处石刻作者尚待考证。

8. 八闽岳祖

题刻全文：八闽岳祖

所在地：闽清白岩山

集释：

【清·乾隆·福州府志】“八闽岳祖”。朱子书，镌闽清白岩。（卷七十三·碑碣）

【清·冯登府·闽中金石志】“八闽岳祖”，在闽清白岩，朱子书。（卷十一·宋六·八闽岳祖）

【清·道光·重纂福建通志】如广济寺“溪山第一”，白岩之“八闽岳祖”，皆其亲笔，现勒石尚存。（卷二七三·丛谈·福州府）

【民国·福建通志】“八闽岳祖”，《福建续志》云：在闽清白岩，朱子书。（金石·卷十一·宋六·白岩题字）

【民国·刘强·朱晦翁与闽清】去县城之西六十里，四都之南有山巍然曰白岩者，层岩峭壁，登峰可望千里，朱文公勒石曰“八闽岳祖”。

【安宁·朱熹在福州地区的诗联与题刻 2006】在闽清白岩山上，曾有朱熹手书“八闽岳祖”四字勒石，可惜今已无存。

【杨文新·朱熹在福建的摩崖石刻研究 2010】福州闽清白岩山，“八闽岳祖”，佚刻。

按语：《朱熹事迹考》一书 202 页说“在福清白岩”，又注释：“闽清县的白岩山位于闽清西部境内”，“福清”应是“闽清”之误。白岩山“八闽岳祖”四字屡觅不见，现存“八闽岳祖”为书法家游作忠到尤溪县城朱子纪念馆，将朱熹书法文字中的“八”“闽”“岳”“祖”四个大字，摹写复制，并自请石工，将之镌刻在闽清县白岩山的山崖之上。

（六）连江县

1. 雷移石

题刻全文：雷移石

所在地：连江丹阳宝林寺后山忘归石上

集释：

【清·冯登府·闽中金石志】“降虎、雷移”在连江宝林寺。《连江县志》传为晦翁书。（卷十四·摹刻·降虎 雷移）

【民国·福建通志】“降龙”、“雷移”，《连江县志》云：传为晦翁书。（金石·卷十一·宋六·宝林寺朱子书）

【安宁·朱熹在福州地区的诗联与题刻 2006】在连江县丹阳宝林寺后山

一块突兀的山岩上，题刻有“降虎峰”与“雷移石”六字，皆为楷书，为朱熹题刻。

【杨文新·朱熹在福建的摩崖石刻研究 2010】福州连江宝林寺，“雷移石”，现存。

按语：志书多漏“峰”“石”两字。岩石半圆形，高 9 米，宽 10 米。楷书阴刻。直下两行“雷移石”“降虎峰”六字。字高 60 厘米，宽 60 厘米。落款模糊不清。

2. **降虎峰**

题刻全文：降虎峰

所在地：连江丹阳宝林寺后山忘归石上

集释：

【清·冯登府·闽中金石志】“降虎、雷移”在连江宝林寺。《连江县志》传为晦翁书。（卷十四·摹刻·降虎 雷移）

【民国·福建通志】“降龙”、“雷移”，《连江县志》云：传为晦翁书。（金石·卷十一·宋六·宝林寺朱子书）

【安宁·朱熹在福州地区的诗联与题刻 2006】在连江县丹阳宝林寺后山一块突兀的山岩上，题刻有“降虎峰”与“雷移石”六字，皆为楷书，为朱熹题刻。

【杨文新·朱熹在福建的摩崖石刻研究 2010】福州连江宝林寺，“降虎峰”，现存。

3. **陟岵**

题刻全文：陟岵，晦翁书。

所在地：连江仁山

集释：

【安宁·朱熹在福州地区的诗联与题刻 2006】在仁山七里岭路旁岩壁上，有“陟岵”二字，落款“晦翁书”，相传系朱熹路过此地时所留。

【杨文新·朱熹在福建的摩崖石刻研究 2010】福州连江仁山，“陟岵”，现存。

按语："陟岵"一词见于《诗经・国风・魏风》，意为登上那草木繁茂的高山。

4. 石室清隐

题刻全文：石室清隐

所在地：连江磨岭

集释：

【安宁・朱熹在福州地区的诗联与题刻 2006】相传，宋淳熙年间，朱熹避伪学禁时，再上乌山，在先贤石室池畔题刻有"石室清隐"四字，字约 30 厘米。"石室清隐"四字还被摹刻于连江磨岭音洞内。

（七）永泰县

1. 山高水长

题刻全文：山高水长

所在地：永泰嵩口

集释：

【永泰县地方志编纂委员会・永泰县志 1992】宋朱熹在嵩口地方题字刻石有"聚"、"万丈行"、"山高水长"、"琅琊一片石"和"福"字等。现尚完好。（822 页）

【杨文新・朱熹在福建的摩崖石刻研究 2010】福州永泰嵩口，"山高水长"，现存。

按语："山高水长"四个字在福字左上方。"山高水长"意为山高耸，水长流。比喻人的风范像高山流水般一样永远存在。

2. 福

题刻全文：福，晦翁。

所在地：永泰嵩口

集释：

【永泰县地方志编纂委员会·永泰县志 1992】宋朱熹在嵩口地方题字刻石有“聚”、“万丈行”、“山高水长”、“琅琊一片石”和“福”字等。现尚完好。（822 页）

【杨文新·朱熹在福建的摩崖石刻研究 2010】福州永泰嵩口，“福”，现存。

按语：墨色的“福”字右下方落款依稀可辨是“晦翁”两字。

3. **龙门**

题刻全文：龙门

所在地：永泰长庆乡莲花村石鼎峰

集释：

【民国·福建通志】“龙门”，《永泰县志》云：在三十二都石鼎峰梅溪之阳，山水奇秀，双崖之下，传为神龙所潜，宋林羽讲学于此，朱考亭横镌“龙门”二字，黄干为《龙门三滩记》。《闽清县志》云：一都鼎峰之阳，林学蒙与弟学履读书处，朱子避伪学之禁，至学蒙家，蒙师事之，朱子为镌“龙门”二字于石。衍案，《闽书》云：鼎峰山界闽清、永福长乐、三县，并见梅溪环流其下，林正卿构龙门巷于山阳，黄干记。《八闽通志》云：林学蒙，字正卿，一名羽，永福人，盖一人一地而两邑志争收之也。（金石·卷十一·宋六·鼎峰山题字）

【永泰县地方志编纂委员会·永泰县志 1992】在长庆乡莲峰村石鼎峰、梅溪之南，为宋林羽讲学之所。朱熹横书“龙门”2 字。（822 页）

【杨文新·朱熹在福建的摩崖石刻研究 2010】永泰长庆乡莲花村石鼎峰。现存。

4. **琳郎一片石**

题刻全文：琳郎一片石

所在地：永泰嵩口

集释：

【永泰县地方志编纂委员会·永泰县志 1992】宋朱熹在嵩口地方题字刻石有“聚”、“万丈行”、“山高水长”、“琳郎一片石”和“福”字等。现尚完好。(822 页)

【杨文新·朱熹在福建的摩崖石刻研究 2010】福州永泰嵩口，“琳郎一片石”，现存。

5. 聚

题刻全文：聚

所在地：永泰嵩口

集释：

【永泰县地方志编纂委员会·永泰县志 1992】宋朱熹在嵩口地方题字刻石有“聚”、“万丈行”、“山高水长”、“琅琊一片石”和“福”字等。现尚完好。(822 页)

6. 万丈行

题刻全文：万丈行

所在地：永泰嵩口

集释：

【永泰县地方志编纂委员会·永泰县志 1992】宋朱熹在嵩口地方题字刻石有“聚”、“万丈行”、“山高水长”、“琅琊一片石”和“福”字等。现尚完好。(822 页)

二、厦门市

1. 同山

题刻全文：同山

所在地：厦门同安梅山寺

集释：

【明·何乔远·闽书】同山在县东北里许，一名梅山，与大轮山相映，其石镌“同山”二字，朱文公手笔也。（卷一一·方城·泉州府·同安县）

【清·乾隆·泉州府志】同山在县东北里许，一名梅山，与大轮山对峙，山之阳有梅寺，石上镌“同山”二字，朱文公手笔也。（卷八·山川三·同安县山）

【清·冯登府·闽中金石志】“同山”，在同安县梅山寺石上镌“同山”二字，朱文公笔也。（卷十二·宋七·同山）

【民国·同安县志】“同山”二字，宋朱文公以硃砂书于梅山之石。字曰二尺，至今字迹尚明。（卷二六·金石·同山石字）

【民国·福建通志】“同山”，《闽书》云：同山在同安县北里许，一名梅山，石镌“同山”二字，朱文公笔也。（金石·卷十一·宋六·同山题字）

【高令印·朱熹事迹考 1987】同山即县城之东的梅山，与大轮山相对峙，为同邑之藩障。西晋武帝太康三年（公元二八二年）设县，取名同山的“同”字，配以安定的“安”字，作为同安的县名。朱熹为同安簿，在梅山石上提了“同山”两字。字高零点九五米，宽零点六七米。篆书。（179—180 页）

【颜立水·朱熹在同安的遗迹 1990】与大轮山相对峙的梅山，又名同山，朱熹曾题镌“大同”、“同山”等字。现“同山”石字尚存，字大约 0.7 米，乃当年朱熹以硃砂书于梅山寺后石壁，历经八百余载，依然笔画分明。

【杨文新·朱熹在福建的摩崖石刻研究 2010】厦门同安梅山，“同山”现存。

按语：“同山”二字朱熹以朱砂书于同安区梅山寺后石壁。

2. **大同**

题刻全文：大同

所在地：厦门同安梅山

集释：

【清·冯登府·闽中金石志】“大同”，在同安同山上，朱子书。（卷十二·宋七·大同）

【民国·同安县志】《冯志》云：同山上有“大同”二字，亦朱子书。（卷二六·金石·同山石字）

【民国·福建通志】又“大同”，《冯志》云：在同安同山上，朱子书。（金石·卷十一·宋六·同山题字）

【杨文新·朱熹在福建的摩崖石刻研究 2010】厦门同安梅山，“大同”，佚刻。

按语：“大同”石刻已佚。

3. **腾紫峰**

题刻全文：腾紫峰

所在地：厦门同安孤卿山

集释：

【民国·同安县志】又有巨石，刻“腾紫峰”三字，朱文公手书。（卷四·山川）

【民国·同安县志】腾紫峰距城二里，在同山之东，中有巨石，刻“腾紫峰”三字，朱文公手笔也。是山每有紫气上腾，因以名。（卷八·名胜·岩潭）

【颜立水·首仕同安 遗泽银同 2010】根据志书记载，……孤卿山有“腾紫峰”。

4. **文山**

题刻全文：文山

所在地：厦门文山斗拱岩寺

集释：

【民国·同安县志】斗拱者，高拱北斗之谓也，其山有石数片，惟中一石独尊，朱子镌“文山”两字其上，故又名文山。（卷四·山川）

【民国·同安县志】十二龙潭在北辰山，离城东北二十五里。宋朱子为主簿，常游其处，于山尖大书“文山”二字，因名。文山上岩宇一座，名曰斗拱岩。山原秀丽，多壮观瞻。（卷八·名胜·岩潭）

【颜立水·朱熹在同安的遗迹 1990】此外朱熹题镌的汀溪褒美“文山”，内厝和新店交界香山的“真隐处”，县城东桥溪中的“弁石台”及南门桥溪中金车石刻的“中流砥柱”等字刻，至今都还保留完好。

【颜立水·首仕同安 遗泽银同 2010】根据志书记载，……福鹏山有“文山”。

按语：文山坐落于旧称永丰乡感化里，今属汀溪镇辖境内。

5. **应城山**

题刻全文：应城山

所在地：厦门同安文公堤

集释：

【清·乾隆·泉州府志】应城山在县城北里许，上有普慈院，旧传院中钟声与城钟相应，故名，今废。旁有堤，朱子所筑。上有大石刻“应城山”三字。朱子为簿时，筑堤以补龙脉。嘉靖间，李春芳刻石，刘存德书。（卷八·山川三·同安县山）

【清·冯登府·闽中金石志】“应城山”，在同安朱子筑堤山上刻“应城山”三字。（卷十二·宋七·应城山）

【民国·同安县志】有大石，刻“应城山”三字。有题云：“朱子簿同安，筑堤以补龙脉。”（卷四·山川）

【民国·同安县志】文公堤距城北里许，有大石倚山麓刻“应城山”三字，明刘存德题其旁云：“朱子为同安簿，筑堤以补龙脉。”（卷八·名胜·岩潭）

【民国·同安县志】《冯志》云：朱子筑堤山上刻“应城山”三字。（卷二十六·金石·应城山石刻）

【民国·福建通志】“应城山”，《冯志》云：在同安朱子筑堤山上刻“应城山”三字。（金石·卷十一·宋六·应城山石刻）

【高令印·朱熹事迹考 1987】“应城山”三字是否为朱熹真迹，因石刻不存，不敢臆断。清乾隆《泉州府志》卷八《山川》三谓，此为“嘉靖间李春芳刻石，刘存德书”，不知何据。（180 页）

【颜立水·朱熹在同安的遗迹 1990】县城西北里许的应城山，朱熹题刻墨迹已没，但当年朱熹发动士民筑堤“以补龙脉”的文笔峰（俗称文公尖）犹存。

【颜立水·首仕同安 遗泽银同 2010】根据志书记载，……东山有“应城山”。

按语：“应城山”石刻已佚。

6. **大轮山**

题刻全文：大轮山

所在地：厦门同安大轮山

集释：

【民国·同安县志】“大轮山”三字，亦宋朱晦翁书。每字大三尺余，风度端正，奕奕有神。（卷二六·金石）

【高令印·朱熹事迹考 1987】大轮山在同安县城东北，山势横亘数里，远望其数峰如滚动的车轮。“大轮山”三字石刻早已不存，现存有大轮山山门，其上横额“大轮山”三字是据后人收藏之拓片摹刻的，已失其真。（181 页）

【高令印·朱熹事迹考 1987】在朱熹曾任职之地的福建同安发现朱熹榜

书“大轮山”右上盖有“鸢飞鱼跃”长方形图章。（241 页）

【杨文新·朱熹在福建的摩崖石刻研究 2010】厦门同安大轮山，“大轮山”，佚刻。

按语：“大轮山”石刻已佚。

7. **偃月台**

题刻全文：偃月台

所在地：厦门同安大轮山

集释：

【民国·同安县志】“偃月石”三字，大轮山之麓，亦宋朱文公书。（卷二六·金石·大轮山题字）

【颜立水·朱熹在同安的遗迹 1990】距县城之北里许的大轮山，原有朱熹题写的“寒竹风松”、“大轮山”、“战龙松”、“偃月台”、“极目”、“圭石”等十几处摩崖石刻，现在保留的仅有“瞻亭”石刻。

【杨文新·朱熹在福建的摩崖石刻研究 2010】厦门同安大轮山，“偃月台”，佚刻。

按语：民国《同安县志》误作“偃月石”。“偃月”指横卧形的半弦月。

8. **芦山**

题刻全文：芦山

所在地：厦门同安大轮山

集释：

【颜立水·朱熹在同安的遗迹 1983】距县城之北里许的大轮山，保有“芦山”、“瞻亭”石刻。

按语：高令印《朱熹事迹考》引用颜立水《朱熹在同安的遗迹》一文，作“颜立水《朱熹在同安的遗址》，载一九八三年十一月二十七日《厦门日报》”，后在《朱熹在闽南与“闽学开宗”》一文中改为“颜立水《朱熹在同安的遗迹》，载于 1983 年 11 月 11 日《厦门日报》”。应为“颜立水《朱熹在同安的遗迹》，载于《厦门日报》1983 年 11 月 17 日”。

9. **瞻亭**

题刻全文：瞻亭

所在地：厦门同安大轮山

集释：

【明·何乔远·闽书】朱文公书“战龙松”、“瞻亭”、“极目”七字，皆为胜迹。……“战龙松”，松已亡矣，其字在耳！“瞻亭”二字原刻石，今石陷，字画倒挂，亦一景也。（卷一一·方城·泉州府·同安县）

【清·乾隆·泉州府志】越壑而上，有朱子“瞻亭”二字，相传贾似道过此欲灭此石，其夜字自倒挂，后人镌其旁曰坠星石。明知县刘裳构亭其上。（卷八·山川三·同安县山）

【清·冯登府·闽中金石志】“瞻亭”，在同安轮山北龙门下有大石，朱子书“瞻亭”二字。贾似道过此，欲描取其字，是夜石即倒翻，后人刻其旁曰坠星石，简《同安县志》。按，《闽书》言石陷二字，倒挂当得其实。（卷十二·宋七·瞻亭）

【清·道光·重纂福建通志】瞻亭在大轮山北龙门下，有大石，朱子书“瞻亭”二字。（卷四·古迹·同安县）

【清·道光·重纂福建通志】朱子书“瞻亭”二字，今石陷字倒。（卷八·山川·同安县）

【民国·同安县志】越壑而上，有朱子“瞻亭”二字，相传贾似道到此，欲摹取石字，是夜石即倒悬。后人镌其旁曰坠星石。明邑令刘裳构亭其上，榻就输以额于亭。（卷四·山川）

【民国·同安县志】《闽书》云：大轮山朱文公刻“战龙松”、“瞻亭”、“极目”七字，皆为胜迹，已亡矣，其字在耳。（卷二十六·金石·大轮山题字）

【民国·福建通志】大轮山题字，在同安。“战龙松”、“瞻亭”、“极目”。《闽书》云：同安大轮山朱文公刻“战龙松”、“瞻亭”、“极目”七字，皆为胜迹，松已亡矣耳，字在耳。“瞻亭”二字，今石陷，字画倒挂。（金石·卷十

一·宋六·大轮山题字)

【颜立水·朱熹在同安的遗迹 1983】距县城之北里许的大轮山，保有“芦山”“瞻亭”石刻。

【高令印·朱熹事迹考 1987】关于“瞻亭”，方志还记载了一桩轶事。其曰：瞻亭石在大轮山北龙门下。有大石，朱子手书“瞻亭”二字。贾似道过此，欲描取其字，是夜石即倒翻（一曰倒悬）。后人镌其旁曰坠星石。明邑令刘裳构石亭，摹字刻置亭中，即名瞻亭。（民国《同安县志》卷八《名胜·亭台楼阁泉石》，参见清道光《重纂福建通志》卷八《山川·同安县》）“瞻亭”二字原刻于大轮山北龙门下山石，明嘉靖邑令刘裳描字刻于长方形石块，嵌于亭楣，现存。（182 页）

【颜立水·朱熹在同安的遗迹 1990】“瞻亭”原镌于轮山之北龙门下一石上，传说南宋奸臣贾似道经同安时欲描取其字，是夜刻石突然倒下，后来“瞻亭石倒”成为轮山八景之一。到了明嘉靖年间，邑令刘裳构筑石亭，摹字刻置亭中，清代庄光前尚有“紫阳往迹瞻亭在，曾忆山中过化年”的诗句。

【杨文新·朱熹在福建的摩崖石刻研究 2010】厦门同安大轮山，“瞻亭”，现存。

按语：现存“瞻亭”刻石是明嘉靖年间邑令刘裳描字刻于长方形石块，嵌于亭楣。

10. 战龙松

题刻全文：战龙松

所在地：厦门同安大轮山

集释：

【明·何乔远·闽书】朱文公书“战龙松”、“瞻亭”、“极目”七字，皆为胜迹。……“战龙松”，松已亡矣，其字在耳！“瞻亭”二字原刻石，今石陷，字画倒挂，亦一景也。（卷一一·方城·泉州府·同安县）

【清·乾隆·泉州府志】山北有二松交峙，朱子手书“战龙松”三字。（卷八·山川三·同安县山）

【清・冯登府・闽中金石志】"战龙松"，在同安轮山梵天寺东，旧有二松攫拏，势若龙战，朱子刻战龙松三字于石，见《同安县志》。（卷十二・宋七・战龙松）

【清・陈棨仁・闽中金石略】别有"战龙松"、"极目"等字，传为朱子书。因无年月名识，故不录。（卷七・宋五・莫兼达夫岩题名）

【清・道光・重纂福建通志】朱子书"战龙松"三字于石。（卷八・山川・同安县）

【民国・同安县志】东有二松交峙，朱子手书"战龙松"三字于石。（卷四・山川）

【民国・同安县志】《闽书》云：大轮山朱文公刻"战龙松"、"瞻亭"、"极目"七字，皆为胜迹，已亡矣，其字在耳。（卷二十六・金石・大轮山题字）

【民国・福建通志】大轮山题字，在同安。"战龙松"、"瞻亭"、"极目"。《闽书》云：同安大轮山朱文公刻"战龙松"、"瞻亭"、"极目"七字，皆为胜迹。松已亡矣耳，字在耳。（金石・卷十一・宋六・大轮山题字）

【高令印・朱熹事迹考 1987】以上石刻除"极目"、"战龙松"外，皆存。……"战龙松"原刻在大轮山梵天寺后山，那里原有两株松树交织在一起，象两条龙在搏斗，于是朱熹就写了"战龙松"三字刻石。（182 页）

【杨文新・朱熹在福建的摩崖石刻研究 2010】厦门同安大轮山，"战龙松"，佚刻。

按语："战龙松"石刻已佚。

11. 极目

题刻全文：极目

所在地：厦门同安大轮山

集释：

【明・何乔远・闽书】朱文公书"战龙松"、"瞻亭"、"极目"七字，皆为胜迹。……"战龙松"，松已亡矣，其字在耳！"瞻亭"二字原刻石，今石陷，

字画倒挂，亦一景也。（卷一一·方城·泉州府·同安县）

【清·乾隆·泉州府志】山顶有朱子书“极目”二字。（卷八·山川三·同安县山）

【清·冯登府·闽中金石志】在同安县大轮山岭，峰岚四望，海色苍冥，朱熹书“极目”二字。（卷十二·宋七·梵天寺石刻）

【清·陈棨仁·闽中金石略】别有“战龙松”、“极目”等字，传为朱子书。因无年月名识，故不录。（卷七·宋五·莫兼达夫岩题名）

【清·道光·重纂福建通志】其巅朱子书“极目”二字。（卷八·山川·同安县）

【民国·同安县志】《闽书》云：大轮山朱文公刻“战龙松”、“瞻亭”、“极目”七字，皆为胜迹，已亡矣，其字在耳。（卷二十六·金石·大轮山题字）

【民国·福建通志】大轮山题字，在同安。“战龙松”、“瞻亭”、“极目”。《闽书》云：同安大轮山朱文公刻“战龙松”、“瞻亭”、“极目”七字，皆为胜迹。（金石·卷十一·宋六·大轮山题字）

【高令印·朱熹事迹考 1987】以上石刻除“极目”、“战龙松”外，皆存。站在大轮山顶，极目远望，同安的山川河道、田畴街衢尽收眼底，所以朱熹就在流岩书上“极目”两字。（182 页）

【杨文新·朱熹在福建的摩崖石刻研究 2010】厦门同安大轮山，“极目”，佚刻。

按语：“极目”石刻已佚。

12. **仙苑**

题刻全文：仙苑，晦翁书。

所在地：厦门同安区五显镇北辰山

集释：

【高令印·朱熹事迹考 1987】朱熹“仙苑”真迹在安溪。后来摹刻于同安山石。现在同安大轮山有题榜石刻“仙苑”，上款刻‘晦翁书’，下款刻

“□□□希墨立”。(195 页)

【厦门市政协文史和学习宣传委员会·厦门摩崖石刻 2001】位于同安区五显镇北辰山“十二龙潭”处的巨岩上，传系宋代朱熹楷书直题“仙苑”二个字，每字高 0.60 米，宽 0.50 米。右侧上端题“晦翁书”，左边署款“蔡远佳、远芬、希机立”。《闽书·方域志》载：北辰山“岩侧有十二龙潭，潭侧有二磜，东鸣则风，西鸣则雨”，但未记载有朱文公题字。此二字当为后人据朱熹手迹摹刻入石。(199 页)

按语：此处“仙苑”石刻为摹刻。

13. 圭石

题刻全文：圭石

所在地：厦门同安大轮山

集释：

【清·乾隆·泉州府志】其后又有“紫阳过化”、“振衣处”、“倚天挹海”“天空海阔”及“苍玉峡”、“圭石”等字。(卷八·山川三·同安县山)

【颜立水·朱熹在同安的遗迹 1990】距县城之北里许的大轮山，原有朱熹题写的“寒竹风松”、“大轮山”、“战龙松”、“偃月台”、“极目”、“圭石”等十几处摩崖石刻，现在保留的仅有“瞻亭”石刻。

【杨文新·朱熹在福建的摩崖石刻研究 2010】厦门同安大轮山，“圭石”，佚刻。

按语：“圭石”石刻已佚。

14. 留心湖

题刻全文：留心湖

所在地：厦门同安莲花山

集释：

【民国·同安县志】在归得里。山殊重叠，中有一湖，朱子刻“留心湖”三字于石。(卷二六·金石·莲花山石刻)

15. 太华岩

题刻全文：太华岩

所在地：厦门同安莲花山

集释：

【明・何乔远・闽书】莲花山去城西北三十里，与宝盖山相映，旧传其下多产贵女。又名金冠山，又名夫人山。山顶有石岩，南向陟之，众山皆小。朱文公题“太华岩”，盖取华岳莲花之意。（卷一一・方域・泉州府・同安县）

【清・乾隆・泉州府志】山巅有石岩，宋有朱子题其上曰“太华岩”。（卷八・山川三・同安县山）

【清・冯登府・闽中金石志】“太华岩”朱子书，在同安莲花山。（卷十二・宋七・太华岩）

【清・道光・重纂福建通志】朱子题“太华岩”，盖取华岳莲花之意。（卷八・山川・同安县）

【民国・同安县志】“太华岩”，莲花山山顶有石岩，朱文公题云云，盖取华岳莲花之意。（卷二六・金石・莲花山石刻）

【民国・福建通志】“太华岩”，《闽书》云：同安莲花山山顶有石岩，朱文公题云云，盖取华岳莲花之意。（金石・卷十一・宋六・莲花山石刻）

【颜立水・朱熹在同安的遗迹 1990】县城西北三十里的莲花山，海拔 700 多米，朱熹当时曾爬山涉水，在山麓太华岩前一巨石壁上题“太华岩”三字。

【厦门市政协文史和学习宣传委员会・厦门摩崖石刻 2001】位于同安区莲花镇后埔村西北的莲花山中，系宋代朱熹的楷书直题“太华岩”三个擘窠大字，每字高 1.00 米，宽 0.79 米。无款。（198 页）

【杨文新・朱熹在福建的摩崖石刻研究 2010】厦门同安莲花山，“太华岩”，待考。

16. **灵源**

题刻全文：灵源

所在地：厦门同安莲花山石释然石洞之下潮汐泉旁

集释：

【清・冯登府・闽中金石志】在同安莲花山，泉随汐盈虚，朱子镌字其

上。（卷十二·宋七·灵源）

【清·道光·重纂福建通志】有泉随海潮汐，号潮汐泉，石镌“灵源”二字，亦朱子手笔。（卷八·山川·同安县）

【民国·同安县志】《冯志》云：在同安莲花山，泉随汐盈虚，朱子镌字其上。（卷二十六·金石·灵源石刻）

【民国·福建通志】又“灵源”，《冯志》云：在同安莲花山，泉随汐盈虚，朱子镌字其上。（金石·卷十一·宋六·莲花山石刻）

【高令印·朱熹事迹考 1987】“灵源”石刻现在。是刻在莲花山石释然石洞之下潮汐泉旁。石洞正面岩石上刻有禅宗传法修行心诀，为宋代以前住持僧人手迹。（184 页）

【颜立水·朱熹在同安的遗迹 1990】既而沿羊肠小道至山腰石释岩，在石岩前潮汐泉旁留下“灵源”墨迹。

【厦门市政协文史和学习宣传委员会·厦门摩崖石刻 2001】位于同安区莲花镇莲花山顶，距“太华岩”之北一公里石释岩洞潮汐泉旁，每字高 0.26 米，宽 0.24 米。据民国《同安县志》八卷载“‘灵源’在莲花山，距城西北三十里，泉随潮汐盈虚，朱文公镌字其上”。（207 页）

【杨文新·朱熹在福建的摩崖石刻研究 2010】厦门同安莲花山，“灵源”，待考。

17. **望云**

题刻全文：望云

所在地：厦门同安望云山

集释：

【民国·同安县志】在翔凤里，朱子刻“望云”二字于石。（卷二六·金石·望云石刻）

【民国·同安县志】望云山位于大都东陵后，水石清奇，上有朱紫阳“望云”二字，遂名。（卷四·山川）

【高令印·朱熹事迹考 1987】“望云”二字石刻，今未找到。（184 页）

【颜立水·首仕同安 遗泽银同 2010】根据志书记载，……东陵山有“望云”。

按语：“望云”石刻已佚。

18. 安乐村

题刻全文：安乐村

所在地：厦门同安石沃山

集释：

【清·道光·重纂福建通志】石沃山在县西四十里，沃口有石佛洞，镌石佛二字，洞右有石塔，刻“安乐村”三字，传说为朱子书。（卷八·山川·同安县）

【民国·同安县志】洞右有石塔，刻“安乐村”。（卷四·山川）

【高令印·朱熹事迹考 1987】“安乐村”石刻现存。安乐村塔在县城之西十五公里的沃溪村口。朱熹任同安主簿时，曾到莲花山游玩，沿“橄榄格”勘察到沃内一带。见此地四面环山，一径通幽，水源充足，土壤肥沃，时有“大乱半忧，大旱半收”之谚，于是就在石上书刻“安乐村”三字。后来乡民在村口建塔。塔高六米，石构实心，塔身平面方形，第四层嵌置“安乐村”三字石刻。正书。此刻亦是从摩崖上摹拓而来。（184—185 页）

【颜立水·朱熹在同安的遗迹 1990】又沿留心湖，翻阅橄榄格，来到沃内，见其繁荣景象，乃是“大乱半忧，大旱半收”的安乐之处，遂欣然命笔，题写“安乐村”。

按语：朱熹曾沿着橄榄格来到沃里一带，见该村四面环山，中间一片平川，水源充足，土壤肥沃，但却有“大乱半忧、大旱半收”之谚，遂题赠“安乐村”三字。后村民在村口建一石塔，于第四层嵌置朱熹所题“安乐村”石刻。

19. 并石台

题刻全文：并石台

所在地：厦门同安桥溪

集释：

【清·冯登府·闽中金石志】并石台紫阳旧游，宣和中。在同安太师桥畔中镌字古劲，不知所始。宋宣和中，邑令危秉文识而勒之石阴，旁石镌有紫阳旧游，即朱子东桥玩月指出。按秉文宣和间知同安见《郝志》。（卷八·宋三·并石台紫阳旧游）

【清·道光·重纂福建通志】（卷四二·古迹·同安县）

【民国·同安县志】弁石台在东桥溪中，天然一石可为夏天乘凉之胜，宋朱晦翁刻“弁石台”三字。童肯堂《弁石台诗》：“巨石如台万古传，仰承屏障俯平川。携筇到处松皆老，把盏登临月正圆。地接凤山瞻秀气，波含雁塔咽清涓。晦翁墨迹留桥畔，剔藓寻幽字皎然。”（卷八·名胜·亭台楼阁泉石）

【颜立水·朱熹在同安的遗迹 1983】朱熹游览题镌的石刻……县城东桥溪底的“弁石台”。

【高令印·朱熹事迹考 1987】此石刻应为“并石台”……“并石台”之“并”通屏、摒，排除之意，即童肯堂诗中谓“屏障”。清道光《重纂福建通志》卷四二《古迹·同安县》和清冯登府辑《闽中金石志》卷八皆谓“并石台”，并谓此是“紫阳旧址，在太师桥畔中，镌字古劲，不知所始”，但二书皆未肯定为朱熹所书，且谓“宋宣和中邑令危秉文识而勒之石阴，旁石镌有紫阳旧游，即朱子东桥玩月之处”。“宣和”为朱熹生前北宋徽宗年号（公元一一一九——一二五年），显然与史不符。此误皆据清嘉庆《同安县志》卷一二《古籍》而来。（186—187 页）

【颜立水·朱熹在同安的遗迹 1990】此外朱熹题镌的汀溪褒美“文山”，内厝和新店交界香山的“真隐处”，县城东桥溪中的“弁石台”及南门桥溪中金车石刻的“中流砥柱”等字刻，至今都还保留完好。

【杨文新·朱熹在福建的摩崖石刻研究 2010】厦门同安桥溪，“弁石台”，现存。

按语：有释“弁”和“并”两种意见，从字形上看应以释“并”为宜。“并”写作（宋·蔡襄）（宋·黄庭坚），“弁”字写作（唐·欧阳

询）（元·冯子振）。虽然字上部与“弁”相似，但从笔势来看，“并”字两点之下均做两横画，而“弁”字则为一笔长横。

20. 真隐处

题刻全文：真隐处

所在地：厦门同安香山寺

集释：

【民国·同安县志】香山寺在同安十都，创建不知始自何代。朱子簿同安时，已有登眺之迹，手书“真隐处”三字，在寺后山麓半，被凿坏。（卷八·寺观）

【颜立水·朱熹在同安的题字 1981】在新店和巷东交界地方，有一座香山，山巅有一块石头，象香炉，每日云烟缭绕，水绿竹青，朱熹就在一块石头上题刻“真隐处”三字。

【颜立水·朱熹在同安的遗迹 1990】此外朱熹题镌的汀溪褒美“文山”，内厝和新店交界香山的“真隐处”，县城东桥溪中的“弁石台”及南门桥溪中金车石刻的“中流砥柱”等字刻，至今都还保留完好。

21. 铜鱼金车

题刻全文：铜鱼。金车。

所在地：厦门同安南门桥溪

集释：

【清·冯登府·闽中金石志】铜鱼亭在同安南门外溪浒，双溪汇处有铜鱼、金车二石雄镇水中，朱子为之题字刻石。后金车如故，铜鱼没入沙泥中。后复出以卜盛衰，见《同安县志》。（卷十二·宋七·铜鱼金车石刻）

【民国·同安县志】两溪会处有铜鱼、金车二石，为水口雄镇。溪中有二石，形如鱼色如铜，故名。古谶曰：铜鱼水深朱紫成林；又曰：铜鱼石上排金车，此是公侯宰相家。故城与桥名铜鱼，馆名金车。（卷四·山川）

【民国·福建通志】“铜鱼”、“金车”。《冯志》云；铜鱼亭在同安南门溪浒。双溪会处，有铜鱼、金车二石雄振水中，朱子为之题字刻石。后金车如

故，铜鱼没入沙泥中。（金石·卷十一·宋六·铜鱼金车石刻）

【高令印·朱熹事迹考 1987】从“为之题字刻石”可知，朱熹似曾题书“铜鱼”、“金车”。（187 页）

22. 逝者如斯

题刻全文：逝者如斯

所在地：厦门同安南门桥溪

集释：

【民国·同安县志】金车在朱紫桥下，有二巨石雄振水中，左一石镌“逝者如斯”四字，为隶书；右一石镌“中流砥柱”四字，旁署曰东明道人立。（卷二六·金石·铜鱼金车石刻）

【颜立水·朱熹在同安的题字 1981】现在的同安南门桥溪中，有两块大石头雄振水中，朱熹就在一块石头上题刻“逝者如斯”四字隶书，在另一块石头上题刻“中流砥柱”四个字。很显然，这当中含有劝勉读书人要珍惜光阴、不屈不挠、奋发读书、早日成材的意思。

【高令印·朱熹事迹考 1987】此处“逝者如斯”石刻与武夷山六曲响声岩的朱熹“逝者如斯”字体迥异，似非朱熹真迹。但有人认为是朱熹真迹。……颜立水是长期在同安从事文物工作的当地人，其说有一定的可靠性。（188 页）

【颜立水·朱熹在同安的遗迹 1990】此外朱熹题镌的汀溪褒美“文山”，内厝和新店交界香山的“真隐处”，县城东桥溪中的“弁石台”及南门桥溪中金车石刻的“中流砥柱”等字刻，至今都还保留完好。

【厦门市政协文史和学习宣传委员会·厦门摩崖石刻 2001】位于同安区大同镇南门桥下，有隶书横刻“逝者如斯”四个大字，每字高 0.38 米，宽 0.40 米。无款。《闽书·方域志》仅有“中流砥柱”题刻，未载此题刻；民国《同安县志·金石》则二处题刻均载，并称“金车石刻”。估计此题刻系清代人所镌。（197 页）

按语：“逝者如斯”出自《论语·子罕》：“逝者如斯夫，不舍昼夜。”

23. 中流砥柱

题刻全文：中流砥柱

所在地：厦门同安南门桥溪

集释：

【明·万历·泉州府志】两溪会处有铜鱼、金车二石，故南门桥因名铜鱼。朱晦翁为之竖石题字，伟然巨观，今金车如故，铜鱼之上已为廛舍矣。（卷二·川）

【清·乾隆·泉州府志】《万历府志》："两溪会处有铜鱼、金车二石，为水口雄镇。"古谶曰：铜鱼水深朱紫成林；又曰：铜鱼石上排金车，此是公侯宰相家。故城与桥名铜鱼，馆名金车。朱子为之题字刻石曰"中流砥柱"。明万历壬子知县李春开建亭，匾曰观化，后复圮，鱼亦湮没。（卷八·山川三·同安县川）

【清·冯登府·闽中金石志】"中流砥柱"，在同安县治铜鱼亭，朱子书。（卷十二·宋七·中流砥柱）

【民国·同安县志】两溪会处有铜鱼、金车二石，为水口雄镇。溪中有二石，形如鱼色如铜，故名。古谶曰：铜鱼水深朱紫成林；又曰：铜鱼石上排金车，此是公侯宰相家。故城与桥名铜鱼，馆名金车。朱子为之题字刻石，曰"中流砥柱"。后金车如故，而铜鱼渐没沙泥中。（卷四·山川）

【民国·同安县志】金车在朱紫桥下，有二巨石雄振水中，左一石镌"逝者如斯"四字，为隶书；右一石镌"中流砥柱"四字，旁署曰东明道人立。（卷二六·金石·铜鱼金车石刻）

【民国·福建通志】铜鱼台石刻，在同安，"中流砥柱"，《闽书》云：东溪西溪会处有铜鱼、金车二石，为水石之镇，朱文公题"中流砥柱"四字。（金石·卷十一·宋六·铜鱼亭石刻）

【高令印·朱熹事迹考 1987】现其附近遗存有朱熹"中流砥柱"四字，仍镇石中。……经实地考察，"中流砥柱"四字为明代邑人李春芳（东明道人）石刻。（188 页）

【高令印·朱熹事迹考 1987】此外，在同安东溪和西溪交汇处，有块大石露出水面，上面刻有朱熹墨迹“中流砥柱”，其旁刻有“鸢飞鱼跃”图章，不知是否朱熹所刻。（241 页）

【杨文新·朱熹在福建的摩崖石刻研究 2010】厦门同安桥溪，“中流砥柱”，现存。

【厦门市政协文史和学习宣传委员会·厦门摩崖石刻 2001】位于同安区大同镇南门桥下，逆水石面有隶书横镌“中流砥柱”四个字，每字高 0.38 米，宽 0.45 米，右上款已风化，仅见“居士书”三字。左边楷书直款“东明道人立”。“东明道人立”即李春芳。该题刻与毗邻的“逝者如斯”题刻统称“金车石刻”，是同安的一处文化景观，1988 年列为县文物保护单位。（197 页）

按语：知县名为“李春开”，并非“李春芳”。“中流砥柱”四字旁署曰东明道人立，并不一定是东明道人书。

24. 寒竹风松

题刻全文：寒竹风松，晦翁。

所在地：厦门同安梵天寺

集释：

【民国·同安县志】“寒竹风松”四字乃隶书也，宋朱子以此四字题刻于石。在梵天寺后。字苍老古劲，邑人多描之。（卷二六·金石·寒竹风松石刻）

【高令印·朱熹事迹考 1987】此四字现存，为略带隶意之行楷，非《县志》所谓隶书。（188 页）

【杨文新·朱熹在福建的摩崖石刻研究 2010】厦门同安大轮山，“寒竹风松”，佚刻。

按语：“寒竹风松”石刻已佚。“寒竹风松”描绘了寒风中松竹的气骨傲然。

25. 龙松极目

题刻全文：龙松极目

所在地：厦门同安梵天寺

集释：

【清・陈棨仁・闽中金石略】同安梵天寺有“龙松极目”等字，传为朱子书。（转引自高令印《朱熹事迹考》）

【高令印・朱熹事迹考 1987】此似上述“战龙松”和“极目”二榜的结合。（188 页）

按语：所引陈棨仁《闽中金石略》内容转引自高令印《朱熹事迹考》188 页，《朱熹事迹考》一书说在“卷七《宋》五”，但是查《闽中金石略》卷七未见此条。

26. 同民安

题刻全文：同民安

所在地：厦门同安小盈岭

集释：

【民国・同安县志】小盈岭“同民安”三字，亦朱子书。（卷二六・金石・小盈岭上石刻）

【高令印・朱熹事迹考 1987】刻有“同民安”横额的高大石坊现存。同安和南安交界的小盈岭为同安通往泉州的古道驿站。这里地势偏低，东北风由此刮入，故当地有“沙溪七里口，无风沙自走”的古谚流传。南宋高宗绍兴二十三年（公元一一五三年），朱熹为主簿勘察至此，见状即造石坊，“以补岭缺”，并手书“同民安”三字，取“安斯民于无既”之意。清高宗乾隆三十三年（公元一七八六年），同安县马巷厅秀才林应龙等在石址建筑关隘，并把“同民安”三字嵌在拱门上。旁立知县吴镛的《改坊为关记》石碑。墙后三株古榕相传为朱熹手植的挡风树。（189—190 页）

【颜立水・朱熹在同安的遗迹 1990】与南安交界的小盈岭，地势偏低，北风刮入，有“沙溪七里口，无风沙自走”之谣。朱熹曾建一石坊“以补岭缺”，并手书“同民安”三字，意“安斯民于无既”。现保留在乾隆三十三年（1768 年）改建的石砌关隘墙门上。

【泉州历史网】小盈岭位于南安市水头镇劳光村南，为同安、南安分界地，是同安通往泉州的古道驿站。这里山脉延绵，上接三魁山，下连鸿渐山，是同安东北的自然屏障。但由于小盈岭地势偏低，成为东北风进入同安的风口。因此，巷东一带自古有“沙溪七里口，无风沙自走”的民谚。南宋·绍兴廿五年（1155 年），时在同安主簿任上的朱熹曾到小盈岭巡察，见两翼高山夹峙，形成漏斗，以致风沙为害，便在小盈岭上道口关隘处建造一座石坊“以补岭缺”，并手书“同民安”三字置匾坊上，意为“安斯民于无既”。同时，还在坊后栽种 3 株榕树，冀抵御风沙。清·雍正十二年（1734 年），石坊塌圮。乾隆卅三年（1768 年），马巷厅秀才林应龙、黄河清等人倡捐，在原址建造关隘，改坊为关，把朱熹题写的“同民安”石匾嵌于关隘墙壁上，清·同安知县吴镛勒石立《改建同民安坊为关记》碑记其事。关门和碑现存。关门坐北朝南，宽 8.6 米，高 3.56 米，厚 1.35 米，拱门宽 2.38 米、高 2.44 米。碑花岗岩，长方形圭首，高 1.47 米，宽 0.67 米，厚 0.17 米，字阴刻隶书直写，13 行，行 31 字，字径 3 厘米，已风化严重，模糊难辨。其处朱熹栽种的榕树和《小盈岭南、同交界碑》仍存。

27. 扳辕石

题刻全文：扳辕石

所在地：厦门同安小盈岭

集释：

【颜立水·首仕同安 遗泽银同 2010】根据志书记载，除大轮山外，小盈岭有“同民安”、“扳辕石”。

按语：扳：通“攀”；辙：车辙。扳辕意为拉住车辕，指挽留好官。

28. 有泉德邱

题刻全文：有泉德邱

所在地：厦门马陇山

集释：

【清·道光·厦门志】马陇山在城北二十里许，北麓为马陇社，上有石名

金鸡，石镌“有泉德邱”四字，相传为朱子书。笔迹未肖，好事者之谈也。（卷二·山川·马陇山）

【高令印·朱熹事迹考 1987】此榜现存，未有落款。（190 页）

按语：“有泉德邱”石刻没有落款，道光《厦门志》认为笔迹不似朱熹所书。

29. 谈元石

题刻全文：谈元石

所在地：厦门同安金榜山

集释：

【清·乾隆·泉州府志】有金榜山陈黯读书处，堂侧大石高十六丈，名金榜石。朱熹刻“谈元石”三字其上，山上又有“场老”、“迎仙”等字，皆朱子书也。陈黯自号场老。临海有钓鱼矶，场老垂钓处也。后人筑海为埭。（卷八·山川）

【清·冯登府·闽中金石志】“谈元石”，在同安金榜山，朱子书（卷十二·宋七·谈元石）

【清·道光·厦门志】金榜山，在洪济山西南。山黄色，如列榜，因名。一名场老山，唐文士陈黯累举不第，隐于场老山，以黯自号场老，后人称曰“场老山”。山上有石刻“迎仙”二字，筑楼其上，名迎仙楼。今架梁之坎犹存。当时书堂有新罗松二本，堂侧石壁高十六丈，名玉笏，又有石镌“谈元石”三字，俱相传为朱子书。（卷二·山川·金榜山）

【民国·福建通志】“谈元石”，《冯志》云：在同安，朱子书。（金石·卷十一·宋六·金榜山石刻）

【高令印·朱熹事迹考 1987】金榜山是厦门的主要山，在今厦门梧村附近，因山色黄如列榜而得名。人们又常叫它场老山，是因唐代名士陈黯而得名。陈黯字希儒，因其多年赴试考场不第，故自号场老。晚年倦于功名，筑室金榜山隐居，读书垂钓，人们为他惋惜，遂称金榜山为场老山……朱熹在任同安簿职四年中有否乘舟渡海到过厦门，有关朱熹的文献未有明确记载。

我们上引有关朱熹在厦门的墨迹记载，多谓“相传朱子书”，而这些石刻又无从查找。朱熹爱游山玩水，再参照上述记载，朱熹很可能到过厦门金榜山（场老山）。（190—191 页）

按语：“谈元”指谈论玄理。《菜根谭》有“闲中演偈谈元”句。

30. **场老**

题刻全文：场老

所在地：厦门金榜山

集释：

【清・乾隆・泉州府志】有金榜山陈黯读书处，堂侧大石高十六丈，名金榜石。朱熹刻“谈元石”三字其上，山上又有“场老”、“迎仙”等字，皆朱子书也。（卷八・山川）

【清・冯登府・闽中金石志】“场老，迎仙”，在同安金榜山上，朱子书。（卷十二・宋七・场老 迎仙）

【清・道光・厦门志】金榜山，在洪济山西南。山黄色，如列榜，因名。一名场老山，唐文士陈黯累举不第，隐于场老山，以黯自号场老，后人称曰“场老山”。山上有石刻“迎仙”二字，筑楼其上，名迎仙楼。今架梁之坎犹存。当时书堂有新罗松二本，堂侧石壁高十六丈，名玉笏，又有石镌“谈元石”三字，俱相传为朱子书。（卷二・山川・金榜山）

【民国・福建通志】“场老、迎仙”，《冯志》云：在同安金榜山上，朱子书。（金石・卷十一・宋六・金榜山题字）

按语：唐代陈黯自号场老，累举不第，隐于金榜山，后人又称场老山。

31. **迎仙**

题刻全文：迎仙

所在地：厦门金榜山

集释：

【清・乾隆・泉州府志】有金榜山陈黯读书处，堂侧大石高十六丈，名金榜石。朱熹刻“谈元石”三字其上，山上又有“场老”、“迎仙”等字，皆朱

子书也。（卷八·山川）

【清·冯登府·闽中金石志】“场老，迎仙”，在同安金榜山上，朱子书。（卷十二·宋七·场老 迎仙）

【清·道光·厦门志】金榜山，在洪济山西南。山黄色，如列榜，因名。一名场老山，唐文士陈黯累举不第，隐于场老山，以黯自号场老，后人称曰“场老山”。山上有石刻“迎仙”二字，筑楼其上，名迎仙楼。今架梁之坎犹存。当时书堂有新罗松二本，堂侧石壁高十六丈，名玉笏，又有石镌“谈元石”三字，俱相传为朱子书。（卷二·山川·金榜山）

【民国·福建通志】“场老、迎仙”，《冯志》云：在同安金榜山上，朱子书。（金石·卷十一·宋六·金榜山题字）

32. 牧爱堂

题刻全文：牧爱堂，晦翁书。

所在地：厦门同安

集释：

【清·陆增祥·八琼室金石补正】石高二尺五分，广四尺七寸四分，三字字径一尺七寸许，正书，款三字，字径二寸许，行书，在西安。“牧爱堂。晦翁书。”（卷一百十六·朱子书牧爱堂三字）

【高令印·朱熹事迹考 1987】朱熹早年在任福建同安主簿时，曾把县治改为牧爱堂。现在遗存的朱熹“牧爱堂”三字，疑是当时朱熹为其牧爱堂所题的榜书。但未有明确记载。“牧爱堂”三字，刚健有力，光彩四射，是朱熹真迹无疑。朱熹墨迹“牧爱堂”石刻的流传有两个线索。一是在浙江。北京图书馆所藏拓片的字西安。西安为唐宋时浙江一县名，其地今为衢县。该拓片左下方有明英宗天顺四年（公元一四六〇年）余子俊的题跋。其曰：“‘牧爱堂’，晦翁书。大明天顺庚辰春，予修员守西安，因得文公朱先生大书‘牧爱堂’三字，今特模刻于岩，将以遍示有司，揭匾于治士之堂，同一亚勉以牧爱为职，且冀朱先生之笔法于不修云。署之□余子俊书。”（216 页）

33. 郭岩隐安乐窝

题刻全文：郭岩隐安乐窝

所在地：厦门同安郭山村北

集释：

【民国·同安县志】在感化里。佛岭有小石塔，傍一大石，朱子刻“安乐窝”三字于石。（卷二六·金石·石佛岭石刻）

【民国·同安县志】郭岩隐字石菴，靖康二年由明经举孝廉，任都转运使，历粤东节度使，朱子簿同安时，于其庐卒，为葬崧山岩下，题其墓曰安乐窝。（卷二八·乡贤）

【高令印·朱熹事迹考 1987】此处记载有两点不确，一是此刻非摩崖，而是碑刻；二是“安乐窝”前还有“郭岩隐”三字。石碑在同安郭山村北，是朱熹为当时粤东节度使郭岩隐所书的墓道碑。……北宋钦宗靖康二年为公园一一二七年。朱熹任同安部职时，郭岩隐卒，卜葬立墓碑，朱熹为其墓碑题额。（266 页）

【颜立水·朱熹在同安的遗迹 1990】在洪塘乡郭山村北，还保留一块“郭岩隐安乐窝”隶书石碑，是当年朱熹为粤东节度使郭岩隐书写的墓道碑。

【颜立水·首仕同安 遗泽银同 2010】根据志书记载，……澳溪有“安乐窝”。

【泉州历史网】在郭山村崧公下，朱熹为官场退隐的郭岩隐卜葬，并书“郭岩隐安乐窝”神道碑，以北宋·邵雍隐居洛阳安贫乐道相比附。

34. **天风海涛**

题刻全文：天风海涛

所在地：厦门白鹿洞寺

集释：

【厦门市政协文史和学习宣传委员会·厦门摩崖石刻 2001】位于白鹿洞寺后的巨岩上，系 1934 年杨廷玉摹刻朱熹的手迹“天风海涛”四个大字，行楷直题。左侧附有一跋，凡 5 行。字幅高约 3 米，宽 2.10 米。（56 页）

按语：此处“天风海涛”石刻为摹刻。

三、漳州市

（一）漳州市

1. 溪山第一

题刻全文：溪山第一，朱熹书。

所在地：漳州云洞岩霞窝东壁

集释：

【清·乾隆·福建通志】在龙溪云洞石壁上，宋朱熹书“溪山第一”四字，又有一洞刻“石室清隐”四字，亦熹所书。（卷之六十三·古迹·石刻·漳州府·溪山第一石刻）

【清·冯登府·闽中金石志】在龙溪云洞石壁上，宋朱子书“溪山第一”四字。按长乐亦有此四字，殆后人摹勒，犹“天风海涛”之屡见。（卷十二·宋七·溪山第一）

【民国·福建通志】“溪山第一”，《冯志》云：在龙溪云洞石壁上，宋朱子书“溪山第一”四字。按长乐亦有此四字，殆后人摹勒，犹“天风海涛”之屡见。（金石·卷十一·宋六·云洞题字）

【漳州市龙文区云洞岩风景区管理委员·云岩洞风景区 1999】按，朱子守漳，虽只一年，然政事之暇，尤中讲学，今云洞对面之白云岩，尚存有解经处及砚池等遗迹，紫阳书院内所悬与造物游榜，亦其手书。云洞之溪山第一，丰学士游记，早定为晦翁所题，其为朱子登临命笔无疑，此刻与石室清隐四字，均为福建通志金石录著录，惟云长乐亦有溪山第一字，恐系传刻，如天风海涛之类，似未细核。（32 页）

【杨文新·朱熹在福建的摩崖石刻研究 2010】漳州龙文区云洞岩，“溪山第一”，现存。

【程楷·朱熹题“溪山第一”辨析 2011】以上资料来自各地旧方志，均言之凿凿，称历史上有朱子题字“溪山第一”，或匾额或勒石，但记载简约，语焉不详，且所言之真迹多已不存。唯漳州龙文云洞岩崖刻见载，但该书附注朱熹“绍兴十八年（1148 年）进士，为同安主簿。绍熙元年（1190 年）知漳州”，只能佐证朱熹在漳州任过职，引明人游记“定为朱熹所题”，仅此而已。

按语：石刻现存，左侧有“朱熹书”三字，未见记载，可能是后人所加。

2. 石室清隐

题刻全文：石室清隐

所在地：漳州云洞岩千人洞

集释：

【清·乾隆·福建通志】在龙溪云洞石壁上，宋朱熹书“溪山第一”四字，又有一洞刻“石室清隐”四字，亦熹所书。（卷之六十三·古迹·石刻·漳州府·溪山第一石刻）

【清·冯登府·闽中金石志】“石室清隐”，在龙溪洞中刻此四字，朱子正书。（卷十二·宋七·石室清隐）

【清·道光·重纂福建通志】“石室清隐”，朱子正书，刻龙溪洞中。（卷四三·古迹·龙溪县）

【民国·福建通志】龙溪洞中题字，“石室清隐”，《道光通志》云：朱子正书，刻龙溪洞中。（金石·卷十一·宋六·龙溪洞中题字）

【高令印·朱熹事迹考 1987】此刻可能是从乌石山摹拓而来。（197 页）

【漳州市龙文区云洞岩风景区管理委员·云岩洞风景区 1999】在石室顶盖，楷书字大尺许，未署名，漳州府志古迹卷、福建通志金石志，皆谓为朱子书。（32 页）

【杨文新·朱熹在福建的摩崖石刻研究 2010】漳州龙文区云洞岩，“石室清隐”，现存。

按语：此处“石室清隐”石刻为摹刻。

3. **石柱联语**

题刻全文：十二峰送青排闼，从天宝以飞来；五百年逃墨归儒，跨开元之顶上。

所在地：漳州芝山

集释：

【清·道光·重纂福建通志】明仁朱国祯在《涌幢小品》中曰：郡父老相传，文公尝遗一联云：“十二峰送青排闼，从天宝以飞来；五百年逃墨归儒，跨开元之顶上。”盖若有待云。（卷二七五·丛谈·漳州府）

【清·陈棨仁·闽中金石略】漳州开元寺在芝山之麓，与书院接，朱子题书院楹云“十二峰送青排闼，从天宝以飞来；五百年逃墨归儒，跨开元之顶上。”（卷七·宋五·漳州开元寺石盆识）

【清·光绪·漳州府志】今为朱子祠，石柱有联云：五百年逃墨归儒，跨开元之顶上；十二峰送青排闼，从天宝以飞来。’传为朱子手题。（卷四〇·古迹）

【翁国樑·漳州史迹 1935】山腰有芝山书院，今尚存古石柱联一对，长约二丈余，句云：“五百年逃墨归儒，跨开元之顶上”，“十二峰送青排闼，从天宝以飞来。”相传为朱熹书撰，嗣院圮废，石柱久埋土中，后因挖土发现一柱，而另一柱系由何绍基仿朱熹字体书之，未悉确否？

【高令印·朱熹事迹考 1987】在漳州芝山山麓，原有开元、法济、泽众三座古刹，后俱毁。宋代于开元寺后山腰建龙江书院，后称芝山书院，为宋知州事危稹所建，中祀朱熹。但是书院大门有朱熹撰书的石柱联语一对。此对联现存。……据近人翁国梁考察，因书院圮废，石柱久埋土中，后因挖土发现一柱，另一柱无迹可寻，清人何绍基仿朱熹字体重新补刻。（225 页）

按语：《朱熹事迹考》所引“翁国梁”应为“翁国樑”。

4. **云岩洞诗刻**

题刻全文：君家一编书，不自圯上得，石室寄林端，时来玩幽赜。晦翁。

所在地：漳州云岩洞

集释：

【漳州市龙文区云洞岩风景区管理委员·云岩洞风景区 1999】在霞窝北壁，行书，字大二寸许，凡三行。按，此诗末署晦翁二字，依稀可辨，缔观书法，与朱子亦有酷似处，诗多漫漶，不可卒读，近见武夷影印朱子墨迹中，有题张敬夫书楼一首，内容与此诗相似，岂朱子来游，偶忆旧作，书刻此间与欠，因即墨迹原字誊入题刻录，供识者辨之。（33 页）

按语：《云岩洞风景区》一书“圯”字作“圮”，25 页《云洞题刻目录》中标注为“疑刻”。

（二）东山县

1. 海晏河清

题刻全文：海晏河清

所在地：漳州东山岛

集释：

【杨文新·朱熹在福建的摩崖石刻研究 2010】漳州东山风动石，“海晏河清”，现存。

（三）诏安县

1. 与造物游

题刻全文：与造物游

所在地：诏安古楼山

集释：

【清·乾隆·福建续志】“与造物游”，在白岩，朱子书。（卷七十四·古迹·石刻·漳州府·龙溪县）

【清·道光·重纂福建通志】‘与造物游’，在古楼山文公祠右，郡守蔡潮刻。（卷四三·古迹·诏安县）

按语:《庄子·杂篇·天下》有：“上与造物者游，而下与外死生、无终始者为友。”意思是上与造物者同游，下与忘却死生不分终始的人为友。

四、泉州市

（一）泉州市

1. 小山丛竹

题刻全文：小山丛竹

所在地：泉州北门模范巷

集释：

【清·冯登府·闽中金石志】“小山丛竹”，绍熙。在泉州府治资寿寺内。绍熙间，朱子为同安簿，讲学于此，因书此四字刻石。元至正中，僧泽润建。（卷九·宋四·小山丛竹）

【清·道光·重纂福建通志】小山丛竹在资寿寺内。绍兴间，朱子为同安簿，讲学于此，因书此四字刻石。元至正中，僧泽润建亭，覆之。（卷四十二·古迹·晋江志）

【清·陈棨仁·闽中金石略】朱子书小山丛竹四字。附。字刻于桓表之眉，径七寸余，“晦翁”二字，小行书，今在晋江小山丛竹书院。“小山丛竹。晦翁。”原石已湮，此乃明人集剧迹刻之者。（卷十二·元二·集朱子书小山丛行四字）

【民国·福建通志】资寿寺题字，在泉州，绍熙间，“小山丛竹，晦翁”。《金石诂录》云在泉州府治资寿寺内，宋绍熙间，朱熹为同安簿，讲学于此，因书此四字刻石。元至正中，僧泽润建。《陈略》云今在小山丛竹书院。（金石·卷十·宋五·资寿寺题字）

【高令印·朱熹事迹考 1987】字刻于垣表之楣，字大零点三米，晦翁二

字小，行书。在今晋江小山丛竹书院遗址内。（191 页）

【泉州历史网】小山丛竹书院位于泉州北门模范巷今泉州市第三医院院址，不二祠旁，与泉山书院、石井书院、欧阳书院并称“四大书院”。原为民间书院，始建于北宋。南宋·绍兴二十三年（1153 年）七月，朱熹任同安县主簿兼领学事，此后经常到泉州各地讲学，他景仰欧阳詹，常莅不二祠。明·李光缙《募修欧阳四门祠疏》云：“朱文公为同安主簿，每抵郡城，必登小山，称其山川之美，为郡治龙首之脉。徘徊数日而后去，自书曰小山丛竹”。绍兴二十六年（1156 年）七月，朱熹同安秩满，八月起在泉州府候批书，直至年底北归，其间得暇常至“不二祠”和资寿寺讲学。清·乾隆《晋江县志·卷 4·学校志》载：“小山丛竹书院在府城隍庙旁，地处高埠，其气独温，温陵之名实肇于此。朱文公种竹建亭，讲学其中，匾（“小山丛竹”匾额）为朱子手书，镌于石。”书院因而取名“小山丛竹书院”。不二祠是唐代里人欧阳詹读书处。欧阳詹于唐·贞元八年高中甲科进士第二名，与韩愈为同科进士，人称“龙虎榜”，授国子监四门助教。后人在小山建欧阳家庙不二祠，始建无考，祀欧阳詹。朱熹在不二祠讲学时，亲题对联：“事业经邦，闽海贤才开气运；文章华国，温陵甲第破天荒”，挂于堂前楹柱间。因程、朱理学被钦定为官方主流意识形态，这五尺高岗，遂因朱熹而名扬天下，经历宋、元、明、清四个朝代，莫不备受文人骚客的尊敬和景仰。泉州理学四大名著《四书蒙引》、《四书存疑》、《四书浅说》、《四书达指》，皆孕育于此。明·嘉靖间（1522—1566 年）陈尧典重建、扩建小山丛竹书院时，“小山丛竹”石碣已失，陈尧典乃集朱熹壮年手迹而重镌之，又记其事于碑阴，改建为“小山丛竹”石牌坊。并于不二祠东北高台上另建“过化亭”，立黑版岩石碑，刻朱子像及像赞（该碑现存泉州开元寺内），以感朱子过化之功。陈棨仁《闽中金石略·卷 12》也载，朱熹题刻“小山丛竹”的原石已湮没，现存石刻“乃明人集遗迹刻之者”。泉州府通判徐之霖于清·康熙三十三年（1694 年）起至康熙四十一年（1702 年）重建小山丛竹书院，历时 8 年。重建时，“小山丛竹”石额又失，乃穷诘石额所往，得归还故物，循旧址而楹竖之；像则碎而为三，委置五贤祠壁隙，复移夫子石刻像，召匠补缀，祀于亭中。清·乾隆四十九年（1784年），小山丛竹书院修葺时，任官泉州的雁门人任承恩为书院提供其家“累世宝藏”的朱熹手迹《豳风·七月》镌石嵌壁。该石刻除刻录《豳风·七月》外，在经文后仍录朱熹“小序”并题署：“《七月》，陈王业也。周公遭变，故陈后稷先公风化之所由，致王业之艰难也。八章，章十一句。庆元丁巳元日晦翁。”又刻录任承恩的“附识”，记述献朱熹手迹勒石的经过。（陈棨仁《闽中金石略·卷12》）1925年，小山丛竹辟为温陵养老院，曾修缮过化亭。1935年弘一法师两次莅院短住，并补题过化亭匾额。该匾额右半部横书小篆“过化亭”三个大字，左半部竖排行书小字记曰：“泉郡素称海滨邹鲁，朱文公曾于东北高阜建亭种竹讲学其中……余昔在俗，潜心理学，独尊程、朱，今来温陵，补题‘过化’，何莫非胜缘耶?”弘一法师该题跋石刻今存泉州开元寺。历尽变迁，现仅保存“小山丛竹”牌坊，为抬匾式，宽3.75米，高3.7米，两侧花岗岩立柱，嵌辉绿岩坊额，正面刻朱熹墨迹“小山丛竹”、“晦翁书”，字行楷，背面字迹漫漶不清。

按语：道光《重纂福建通志》作“绍兴间”，应为“绍熙间”。陈棨仁《闽中金石略》目录误作“小山丛行”。清乾隆《晋江县志》卷四《学校》对石刻有详细的记载：“小山丛竹书院在府城隍庙旁，地处高阜，其气独温，温陵之名实肇于此。宋朱文公种竹、建亭、讲学其中，匾为朱子手书，镌于石，厥后废坠，匾石为人盗没。嘉靖间，通判陈公尧典重构斯亭，更名过化，且镂文公遗像于石，以崇祀之；复匾，集文公墨迹，的四字，揭诸亭前；而自记其事，勒于亭前石阶。清初，毁于兵燹，其址占作民居，石数没于卒伍，像碎为三，移置五贤祠壁隙。康熙四十年，通判徐公之霖捐俸重建，穷诘石额，还归故物，补缀石像祀于亭中，又于亭左建讲堂，故曰诚正堂；后构书屋前后六间，额曰瞻紫亭。”

2.《诗经·豳风·七月》

题刻全文：七月流火，九月授衣。一之日觱发，二之日栗烈。无衣无褐，何以卒岁？三之日于耜，四之日举趾。同我妇子，馌彼南亩。田畯至喜。七月流火，九月授衣。春日载阳，有鸣仓庚。女执懿筐，遵彼微行，爰求柔桑。春日迟迟，采蘩祁祁。女心伤悲，殆及公子同归。七月流火，八月萑苇。蚕月条桑，取彼斧斨。以伐远扬，猗彼女桑。七月鸣鵙，八月载绩。载玄载黄，我朱孔阳，为公子裳。四月秀葽，五月鸣蜩。八月其获，十月陨萚。一之日于貉，取彼狐狸，为公子裘。二之日其同，载缵武功。言私其豵，献豜于公。五月斯螽动股，六月莎鸡振羽。七月在野，八月在宇，九月在户，十月蟋蟀，入我床下。穹窒熏鼠，塞向墐户。嗟我妇子，曰为改岁，入此室处。六月食郁及薁，七月亨葵及菽。八月剥枣，十月获稻。为此春酒，以介眉寿。七月食瓜，八月断壶，九月叔苴，采荼薪樗。食我农夫。九月筑场圃，十月纳禾稼。黍稷重穋，禾麻菽麦。嗟我农夫，我稼既同，上入执宫功。昼尔于茅，宵尔索绹，亟其乘屋，其始播百谷。二之日凿冰冲冲，三之日纳于凌阴。四之日其蚤，献羔祭韭。九月肃霜，十月涤场。朋酒斯飨，曰杀羔羊，跻彼公堂。称彼兕觥：万寿无疆！七月，陈王业也。周公遭变，故陈后稷先公风化之所由，致王业之艰难也。八章，章十一句。庆元丁巳元日，晦翁。

所在地：泉州北门模范巷小山丛竹书院

集释：

【清·陈棨仁·闽中金石略】朱子书《豳风》。附。石高九寸，长四尺余，行书，三十三行，行十余字，今在晋江小山丛竹书院。“‘七月流火’，经文与今通行本同，不具录。七月，陈王业也。周公遭变，故陈后稷先公风化之所由，致王业之艰难也。八章，章十一句。庆元丁巳元日，晦翁。”文公《豳风》墨迹，余家累世宝藏。乾隆甲辰，官于泉，适郡中贤大夫士谋修小山丛竹书院，盖文公过化处也。余因出此书上石，以公士林云。雁门任承恩谨识。会稽许炜钩。右文公书《豳风》，乾隆中所刻。今嵌丛书书院壁上。案公书此时年六十八。是时方严伪学之禁，公于前年季冬落职罢祠，纤人壬夫密相摭摭乃岁朝之辰从容染翰若无事者，其所养可知矣。考公四十八岁成诗集传废小序不用，然此书于经文后仍录小序原文，或万年定论而诗传未及改正与。（卷十二·元二·新刻朱子书豳风）

【高令印·朱熹事迹考 1987】在福建泉州原晋江小山丛竹书院内还有朱熹书《诗经·豳风·七月》石刻。石高零点四米，长一点三米，行书。三十三行，行十余字，共三百余字。石刻与今通行本诗文相同。石刻诗文后，刻有朱熹的说明和保存朱熹墨迹者任承恩的说明。……是刻为朱熹于宁宗庆元三年（公元一一九七年）元旦书。（271 页）

按语：清乾隆四十九年（公元 1784 年），小山丛竹书院修葺时，任官泉州的雁门人任承恩为书院提供其家“累世宝藏”的朱熹手迹《豳风·七月》镌石嵌壁。该石刻除刻录《豳风·七月》外，在经文后仍录朱熹“小序”，并题署：“《七月》，陈王业也。周公遭变，故陈后稷先公风化之所由，致王业之艰难也。八章，章十一句。庆元丁巳元日晦翁。”又刻录任承恩的“附识”，记述献朱熹手迹勒石的经过。

3. **九日山**

题刻全文：九日山

所在地：泉州九日山

集释：

【清·乾隆·泉州府志》】绍兴丙子，朱文公尉同安，秩满，与傅伯成载酒过此。时文公二十七。迨后三十年，淳熙乙巳，复与陈知柔赋诗怀古，而诸山愈重。有朱子书“九日山”三字。（卷七·山川·南安县）

【清·冯登府·闽中金石志】在南安县，西府志至自晋以来，缙绅方外多登憩焉。唐秦系隐居于此，姜公辅韩偓后先寄迹，熙定间守陈偁监郡日子瓘来构山房。绍兴丙子朱文公尉同安秩满，与傅伯成载酒过此，后淳熙乙巳复与陈知柔赋诗怀古，上有朱子书“九日山”三字。（卷十一·宋六·九日山石刻）

【民国·福建通志】九日山石刻，在南安，淳熙十二年。“九日山”。《泉州府志》云：自晋以来缙绅方外多登憩焉。唐秦系隐居于此，姜公辅韩偓后先寄迹，熙定间守陈偁监郡日子瓘来构山房。绍兴丙子朱文公尉同安秩满，与傅伯成载酒过此，后淳熙乙巳复与陈知柔赋诗怀古，上有朱子书“九日山”

三字。(金石·卷十·宋五·九日山石刻)

【高令印·朱熹事迹考 1987】此地现存“九日山”摩崖，未有落款，不知是否为朱熹真迹。明人何乔远在《闽书》卷八《方城·泉州府·晋江县》中，只讲到朱熹游九日山，未提及其书写“九日山”。……总之，朱熹是否书题“九日山”，还有待研究。(193 页)

【杨文新·朱熹在福建的摩崖石刻研究 2010】泉州南安九日山，“九日山”，佚刻。民国《福建通志》之《福建金石志》卷十，第 416 页：“《泉州府志》云：淳熙乙酉复与陈知柔赋诗怀古。上有朱子书九日山三字。”《闽中金石略》未记。

按语：淳熙十二年为公元 1185 年，“九日山”是否为朱熹所题待考。

4. 锦溪

题刻全文：锦溪

所在地：泉州张坂镇后边村

集释：

【清·冯登府·闽中金石志】“锦溪”，锦溪草堂在惠安邑镇安铺，宋张巽子文读书处也，镌“锦溪”二字于碑，今草堂无考，石碑岿然。(卷十一·宋六·锦溪)

【民国·福建通志】“锦溪”，《冯志》云：锦溪草堂在惠安邑镇安铺，宋张巽子文读书处也，镌“锦溪”二字于碑，今草堂无考，石碑岿然。衍案：巽，惠安人，朱子再传弟子。(金石·卷十一·宋六·锦溪题字)

【泉州历史网】位于现惠安县张坂镇后边村。碑上镌“锦谿（溪）”二大字，系朱熹所书，张巽晚年镌立。碑高丈余，立于溪原。碑字体楷书，遒劲挺拔，方正端庄。

按语：“锦溪”碑刻现在泉州台商投资区张坂镇后边村，据称系朱熹所书，泉州名人张巽晚年镌立。

（二）晋江市

1. **天风海涛**

题刻全文：天风海涛

所在地：晋江安平镇石佛寺

集释：

【清·冯登府·闽中金石志】在晋江安平镇石佛寺，朱子书。（卷十一·宋六·天风海涛）

【清·道光·重纂福建通志】法石山距城东南十里，陈洪进筑坛于此，以效嵩呼。又名万岁山。是山产荔极佳，宋蔡襄荔枝谱有法石白。上有石刻，相迩者曰宝觉山，上有海印室，旧有天风海涛楼，为朱子书。（卷八·山川·晋江县）

【民国·福建通志】“天风海涛”，《福建续志》云：在晋江安平镇石佛寺。（金石·卷十一·宋六·石佛寺朱子书）

【高令印·朱熹事迹考 1987】“天风海涛”亦流传很广，福建数处有之。……此刻现存，与鼓山涌泉寺相同。（201 页）

2. **小山丛竹**

题刻全文：小山丛竹

所在地：晋江祥芝

集释：

【民国·福建通志】芝山题字，在晋江。“小山丛竹”。道光旧志云灵秀山相近，为芝山上有四字刻石。叶记云宋邱葵书。（金石·卷十二·宋七·芝山题字）

【杨文新·朱熹在福建的摩崖石刻研究 2010】泉州石狮芝山，“小山丛竹”，现存。

【泉州历史网】芝山在晋江祥芝（今属石狮市）高盖山以北濒海处。相传，南宋·道士赵永嘉曾在同安主簿朱熹手下做事，后来则去修炼道术。石狮市金鞍山（俗称小莘山）上有永嘉室，室长二丈余，为赵永嘉隐居处。他学到驯虎守室的本领，住处有虎镇守，他则四处游览。当时晋江出海口的小山上生长一种芝草，凡乡人送给赵永嘉食物，赵则赠与一束芝草。有乡人用芝草饲牛，牛酣睡数日不醒。乡人担心牛死掉，又找赵永嘉，赵予草药使牛醒。赵永嘉采草之山名芝山，出海口称祥芝澳。朱熹曾应赵永嘉邀请，往游于永宁、祥芝一带，见其地背靠五虎山，面向深沪湾，为兵家必争之地。故朱熹曾预言："此地二百年后，当为车马之区"（清·道光《晋江县志·卷12·古迹》）。芝山上有石刻"小山丛竹"四大字，系朱熹所题。据传，宋代抗金名将刘錡（按：应作"锜"）裔孙文聚卜居芝山南麓，曾礼聘同安邱葵来此执教。邱葵为朱熹得意门生，师生感情深厚，故朱熹曾来芝山遨游，留下此题刻。

（三）永春县

1. 鹏峰胜地

题刻全文：鹏峰胜地

所在地：永春鹏峰

集释：

【民国·福建通志】五台山石刻，在南安。"鹏峰胜地"，《南安县志》云：在五台山，朱子书。（金石·卷十一·宋六·五台山石刻）

【王家声·南安开发六个旅游区 1986】"鹏峰胜地"在永春、南安皆有。

【高令印·朱熹事迹考 1987】朱熹曾游永春鹏峰，手书"鹏峰胜地"勒于石。此石现存。（193 页）

2. 鸢飞月窟地，鱼跃海中天

题刻全文：鸢飞月窟地，鱼跃海中天。朱熹。

所在地：永春蓬壶高丽林氏宗祠

集释：

【陈道南·朱熹在尤溪 2007】原存尤溪县洋中镇洋中村保林寺的“鸢飞月窟地，鱼跃海中天”木刻板联，落款为“朱熹”，现存洋中村一陈姓村民家中。此联在永春蓬壶高丽林氏宗祠有其石刻，在金门朱子祠亦悬挂是联，在庐山白鹿洞书院有其石刻拓片出售。

3.《宿大剧铺》

题刻全文：王事贤劳只自强，一官今是五年期。如何独宿荒山夜？更拥寒衾听子规。

所在地：永春县文庙

集释：

【泉州历史网】绍兴二十六年（1156 年）七月朱熹同安秩满，八月在泉州府候批书之际，游历泉州府永春县，到永春岱山岩、大剧铺等地访问同年陈光、苏升。大剧铺位于永春县吾峰镇吾中村，宋代即在此设立驿铺，为古代永春通往德化的重要中转站。朱熹夜宿大剧铺，留题《宿大剧铺》诗，明·黄仲昭《八闽通志·卷 83·词翰·泉州府·题咏》收录为：“《之德化宿剧头铺，夜闻杜宇》朱文公：‘王事贤劳只自强（或作“嗤”），一官今是五年期。如何独宿荒山夜？更拥寒衾听子规。’”清·乾隆五十一年（1786 年），永春知州（永春于清·雍正十二年由县升为直隶州）郑一崧来到剧头铺，追思先贤，书朱熹《宿大剧铺》诗于石上，命工匠镌刻，并建亭遮护。亭额名“谷音”，取朱泗《谷音亭记》“皎皎白驹，在彼空谷”和“跫然之音，与松涛竹韵悠悠长世”之意。亭左右柱悬镏金木牌对联：“此地空留几行字，斯人一去七百年。”该亭原位于今吾峰乡卫生院门口，后逐渐坍塌，六十年代乡卫生院基建时被拆毁平整。这方诗碑现收存于永春县文庙，高 1.52 米，宽 0.59 米，厚 0.1 米，额题篆体“先贤遗迹”四个大字，前题“朱子宿大剧铺旧题”，落款“乾隆五十一年岁次丙午庚伏”、“桃源（永春古称“桃源”）牧郑一崧敬书勒石”。

4. 寒竹风松

题刻全文：寒竹风松

所在地：永春县岱山岩

集释：

【泉州历史网】岱山岩位于永春县离县城近200里的一都岱山。南宋・绍兴十八年（1149年），永春民苏里（今一都镇）陈光与朱熹同年中进士，曾在渭北权知新州，因对朝庭（按：应作“廷”）不满，弃官回乡隐居岱山岩潜心治学。《永春州志・卷14》载，朱熹任同安县主簿时，到永春城讲学，并至一都岱山岩访陈光，在文昌阁下塌，批注《四书》，与陈光吟诗唱和。朱子研究专家束景南《朱子大传》中，以陈光和朱熹“去年渭北望卿频，今日深山屐齿新…”一诗，判断“似朱熹到岱山及赠诗非止一次”。寺外有两块紧靠着的石头，形如大钟、大鼓。大鼓外围刻有朱熹墨迹“寒竹风松”，笔势刚劲，结构严谨。

（四）南安县

1. 鹏峰胜地

题刻全文：鹏峰胜地

所在地：南安五台山

集释：

【民国・福建通志】“鹏峰胜地”在南安。《南安县志》云：在五台山，朱子书在永春、南安皆有。（金石・卷十一・宋六・五台山石刻）

【民国・南安县志】由五台蜿蜒而来，历仙洞寨耸起一峰，势如禽鸟飞舞，宋赠太常卿陈南寿墓在焉……世传陈之柔与朱文公到此，为其兄南寿指点穴处。文公书此四大字于石。（卷一・舆地）

【杨文新・朱熹在福建的摩崖石刻研究2010】泉州南安五台山，“鹏峰胜地”，现存。

【泉州历史网】南宋・淳熙十一年（1184年）冬，朱熹还应永春陈之柔之邀登上五台山，为陈之柔之兄陈南寿指点墓穴。民国《南安县志・卷1・

舆地》载，诗山东北隅的鹏峰“由五台蜿蜒而来，历仙洞寨耸起一峰，势如禽鸟飞舞，宋赠太常卿陈南寿墓在焉……世传陈之柔与朱文公到此，为其兄南寿指点穴处。文公书此四大字（“鹏峰胜地”）于石。”古人把此地呼为“石墓头”，沿用至今。

2. 欧阳古地

题刻全文：欧阳古地

所在地：南安高盖山

集释：

【南安县志·舆地志·高盖山】宋朱子尝与陈知柔道经诗村，访其故址，书“欧阳古地”石碑，以志不忘。乾隆间，碑为乡人埋去。

【泉州历史网】淳熙十一年（1184 年）冬，朱熹重游泉州，应永春陈之柔之邀，漫游诗山（高盖山），瞻仰欧阳詹胜迹。民国《南安县志·卷 2·舆地志·高盖山》载：“宋·朱子（朱熹）尝与陈之柔道经诗村，访其（欧阳詹）故址，书‘欧阳古地’石碑，以志不忘。乾隆间，碑为乡人埋去。今宜清出，俾百世后兴‘高山仰止’之思云。”

按语：高盖山上原有唐代诗人欧阳詹读书处白云室，欧阳詹（公元 755 年—800 年），字行周，福建晋江潘湖欧厝人。“欧阳古地”石碑，新中国成立后因建水库而淹没水底。

3. 活源

题刻全文：活源

所在地：南安石井镇杨子山

集释：

【苏黎明·杨林书院 2016】朱熹还在杨林书院附近留下了“仙苑”、“极高明”、“活源”、“眠琴”等赞美胜地风光的题刻。

【泉州历史网】“极高明”：南宋·朱熹题刻，立在性愿舍利塔顶偏东南高处，每字径 30 厘米×25 厘米，左下方落款“晦翁”。朱熹还留有“仙苑”、“眠琴”等摩崖石刻。此题刻为最古。

按语：杨林书院始建于唐景福二年（公元 893 年）。杨子山原名崎髻山，因杨肃而更名为杨子山。杨肃，又名杨樵，字救贫，号清臾，南安水头人，生于唐末咸通年间（公元 860—874 年）。杨肃天资聪颖，且勤奋学习，既读四书五经，也读医学著作，且随父学习行医。因治好了皇太后和闽王王后的疾病，唐昭宗封崎髻山为杨子山，敕南安石井杨子山的杨肃读书处为杨林书院，此为泉州最早的书院。朱熹还在杨林书院附近留下了“仙苑”“极高明”“活源”“眠琴”等赞美胜地风光的题刻。

4. 仙苑

题刻全文：仙苑

所在地：南安石井镇杨子山

集释：

【苏黎明·杨林书院 2016】朱熹还在杨林书院附近留下了“仙苑”、“极高明”、“活源”、“眠琴”等赞美胜地风光的题刻。

5. 极高明

题刻全文：极高明

所在地：南安石井镇杨子山

集释：

【苏黎明·杨林书院 2016】朱熹还在杨林书院附近留下了“仙苑”、“极高明”、“活源”、“眠琴”等赞美胜地风光的题刻。

【泉州历史网】杨子山上留有朱熹题的“极高明”石刻，立在性愿舍利塔顶偏东南高处，每字径 30 厘米×25 厘米，左下方落款“晦翁”。还有“琴眠”“紫阳”题刻。相传杨子山状似尤溪县的“紫阳山”，朱熹把此山作为第二家山，故书曰“紫阳”为志。

6. 琴眠

题刻全文：琴眠

所在地：南安石井镇杨子山

集释：

【苏黎明·杨林书院 2016】朱熹还在杨林书院附近留下了“仙苑”、“极高明”、“活源”、“眠琴”等赞美胜地风光的题刻。

【泉州历史网】杨子山上留有朱熹题的“极高明”石刻，立在性愿舍利塔顶偏东南高处，每字径 30 厘米×25 厘米，左下方落款“晦翁”。还有“琴眠”、“紫阳”题刻。相传杨子山状似尤溪县的“紫阳山”，朱熹把此山作为第二家山，故书曰“紫阳”为志。

7. 紫阳

题刻全文：紫阳

所在地：南安石井镇杨子山

集释：

【泉州历史网】杨子山上留有朱熹题的“极高明”石刻，立在性愿舍利塔顶偏东南高处，每字径 30 厘米×25 厘米，左下方落款“晦翁”。还有“琴眠”、“紫阳”题刻。相传杨子山状似尤溪县的“紫阳山”，朱熹把此山作为第二家山，故书曰“紫阳”为志。

（五）安溪县

1. 仙苑

题刻全文：仙苑

所在地：安溪城厢镇仙苑村

集释：

【清·乾隆·安溪县志】仙苑石碣。石碣一通，高四尺许，上刻“仙苑”二字。大如斗，古劲可爱。不知何代之物，只没于薛坂渡潭中，常现有光。明隆庆中，渔人探得出之置于溪岸，故又名仙苑渡。国朝康熙丙申，邑令曾之传辇置考亭书院。今碑上有“晦翁书”三字，云系后人添刻，未知是否。（卷一〇·祠墓·古迹）

【清·冯登府·闽中金石志】在安溪考亭书院，石碣高四尺许，字大如斗，初渔人得之于薛坂渡潭中。康熙间，辇置今所。庄成《安溪县志》：今碑上有“晦翁书”三字，系后人添刻。（卷十四·摹刻·仙苑）

【清·道光·重纂福建通志】“仙苑”在考亭书院，石碣高四尺许，字大如斗。初渔人得之于薛坂渡潭中。康熙间，辇置今所。今碑上有“晦翁书”三字，后人补刻。（卷四二·古迹·安溪县）

【清·陆增祥·八琼室金石补正】高广各四尺，二字字径一尺七寸许，正书，款三字字径二寸许，行书，在晋江。“仙苑。晦翁书。”石在考亭书院，石高四尺许，字大如斗，初渔人得于薛板渡潭中，康熙间辇置今所。（卷一百十六·朱子书仙苑字）

【民国·福建通志】“仙苑”，《冯志》云：在安溪考亭书院，石碣高四尺许，字大如斗，初渔人得之于薛坂渡潭中。康熙间，辇置今所。《安溪县志》：今碑上有“晦翁书”三字，系后人添刻。（金石·卷十一·宋六·仙苑题字）

【高令印·朱熹事迹考 1987】安溪原考亭书院内有“仙苑”二字，后摹刻于同安山石。……此两字为朱熹真迹。北京图书馆藏有大幅拓片，其书卡谓“朱熹正书。铁琴铜剑楼瞿氏旧藏，丁惠康捐赠。福建安溪”。是碑左下方刻有清人曾之传《题记》：“此碑原在薛坂，相传没潭中，每夜有光，渔人以为怪，采得之乃出，置盘石上。其渡遂以仙苑名。丙申书。阮成徙此。邑人曾之传记。”朱熹“仙苑”真迹在安溪。后来摹刻于同安山石。现在同安大轮山有题榜石刻“仙苑”，上款刻“晦翁书”，下款刻“□□□希墨立”。有关同安的方志均未记载。（194 页）

【杨文新·朱熹在福建的摩崖石刻研究 2010】泉州安溪城厢镇仙苑村，“仙苑”，现存。

【泉州历史网】位于安溪县城厢镇仙苑村后山顶，廿世纪八十年代发现。碑高 1.48 米、宽 0.74 米、厚 0.10 米。碑面阴镌“仙苑”二字，字径 58×60 厘米。笔法苍劲，署款“晦翁书”；碑背阴楷：“此碑原在薛坂，相传没潭中，每夜有光，渔人以为怪，采得之乃出，置磬石（按：应作“磐”）上。其渡遂以仙苑名。丙申（康熙五十五年，1716 年），书院（考亭书院）成，徙此。”后署“邑令曾之传记”。曾之传于康熙五十一年至五十五年任安溪令。清・乾隆《安溪县志・古迹》载：“石碣一通，高四尺许，上刻‘仙苑’二字，大如斗，古劲可爱…国朝康熙丙申（1716年），邑令曾之传置考亭书院。”民国间考亭书院废，碑乃归原地。

按语：考亭书院故址在安溪县城城隍庙东。是碑左下方刻有清人曾之传《题记》：“此碑原在薛坂，相传没潭中，每夜有光，渔人以为怪，采得之乃出，置盘石上。其渡遂以仙苑名。丙申，书院成，徙此。邑人曾之传记。”

2. 阆岩夕照

题刻全文：阆岩夕照

所在地：安溪阆苑岩

集释：

【杨文新・朱熹在福建的摩崖石刻研究 2010】泉州安溪阆苑岩，“阆岩夕照”，现存。

按语：阆苑岩在安溪县城厢乡同美村新岩山顶。

3. 中流砥柱

题刻全文：中流砥柱

所在地：安溪犀山

集释：

【杨文新・朱熹在福建的摩崖石刻研究 2010】泉州安溪犀山，“中流砥柱”，现存。

【泉州历史网】官桥镇益林犀山下苦笼溪边一巨石上刻有“中流砥柱”四字，据廖氏族谱记载为朱熹所题。

4. 佛国

题刻全文：佛国

所在地：安溪蓬莱镇彭格村

集释：

【泉州历史网】蓬莱镇彭格村公路旁“佛国”碑，花岗岩质地，高 1.5

米、宽 0.70 米、厚 0.10 米。阴镌行楷，书法刚健，无款识，相传亦为朱熹所书。

按语：泉州古称“泉南佛国”，泉州开元寺有一木刻对联：“此地古称佛国，满街都是圣人。”旁注：“寺门旧有此联，朱文公撰，久佚，为补书之。戊寅春沙门一音书。”戊寅为 1938 年，一音即弘一上人。

5. 凤麓春阴

题刻全文：凤麓春阴，晦翁题。

所在地：安溪县文庙

集释：

【泉州历史网】安溪县文庙保存一方“凤麓春阴”碑刻，旁署“晦翁题”。

按语：“凤麓春阴”现为安溪八景之一。位于凤鬓山的东岳寺与新建的城隍庙后，原来两侧有很多松柏树，高数十丈，绿荫蔽天。

五、三明市

（一）泰宁县

1. 四季读书诗

题刻全文：晓起坐书斋，落花堆满径；只此是文章，挥毫有余兴。

古木被高荫，昼坐不知暑；会得古人心，开襟静无语。

蟋蟀鸣床头，夜眠不成寐；起阅案前书，西风拂庭桂。

瑞雪飞琼瑶，梅花静相倚；独占三春魁，深涵太极理。

所在地：泰宁县文化馆

集释：

【清・道光・重纂福建通志】国朝程布政含章，镌朱子题壁诗："晓起坐书斋，落花堆满径。……"程含章跋云："朱子隐居小均时作也。时禁伪学，故不书名，以避祸也。版存邑诸生丁焰处，伊祖买自小坳田家。屡世珍藏，不轻与人捶拓。教谕李开官泰宁时，拓有四帖呈送。字画苍劲，如见朱子道模，不胜肃然起敬。因行泰宁县，刻石以垂不朽。"（卷四十六・古迹・泰宁县）

【清・光绪・重纂邵武府志】水南小隐在小均坳，朱子读书于此。有题壁诗，诗版尚存本村农家。国朝雍正初，邑诸生丁师儒见之，购藏诸塾。乾隆辛未，巡道来鸣谦就故址旁筑坛，其上曰贤坛，题朱子读书处。乙亥，师儒复建祠崇祀文公，额曰新安贤院。……壬申又至，则已坛成碑立矣。……旅次搦管，思夫斯文在兹，一可记也；余数至泰宁，亲立贤域，二可记也；丁生阐幽继志，有功先贤，三可记也。遂书以寓生，俾勒诸石。时乾隆十八年

癸酉夏也。(卷二八·古迹·园宅·泰宁县)

【清·光绪·重纂邵武府志】爱泰宁山川佳胜，尝读书水南之小均坳，牓其居曰“读书处”，曰“恂如”，有题壁诗四首。(卷二四·人物·寓贤)

【杨怀荣·朱熹在泰宁的佚诗 1983】朱熹到泰宁后，隐居在距县城南四华里地的小均坳岭下。其居有二匾，额曰读书处、恂如。壁间刻有四首题诗，即《春、夏、秋、冬》。因有碑刻，手笔犹存，诗板曾流入小均农家。清乾隆邑诸生丁诗儒见而购之，新其塾以珍藏，示尊敬也。乾隆十六年，巡道来谦鸣就故址旁筑坛，树碑题曰朱文公读书处。同时，教谕李开将壁诗四首镌石五块（其后记为一块），藏于泰宁文庙，嵌在五王殿右廊墙中。常有省内外爱好书法的文人骚士来泰宁拓印朱子壁诗，裱成字画携归。五块镌石均为柴石板，字体为朱熹手笔行书体，现存放在泰宁县文化馆。

【高令印·朱熹事迹考 1987】福建泰宁发现朱熹《春》、《夏》、《秋》、《冬》四季读书题壁诗四首。是诗石刻碑四块，现藏于福建泰宁县文化馆中。是诗朱熹《文集》未有收入。……朱熹《春夏秋冬》四季读书诗每句五字，每首四句二十字，四首总共八十字。行书。从字迹上看，四首一气书成，无一坏笔。(277 页)

按语：泰宁县博物馆内珍藏朱熹四块手迹四季诗碑刻，碑板为黑色砚石，每块长 142 厘米、宽 39 厘米、厚 6 厘米，镌刻五言古诗，吟咏春、夏、秋、冬四景。四块碑文均为阴刻行书，字径整体匀称，长短宽窄略有参差变化。四季诗碑无落款，据传是朱熹晚年的作品。乾隆本《泰宁县志·人物志》记载：朱熹“庆元间，籍伪学，避居邑南小均坳数年”。朱熹离开泰宁后，书舍渐荒废，“四季壁诗”落于农家收藏。清乾隆年间，泰宁教谕李开将“四季壁诗”镌紫石板五块（诗四块、后记一块）藏于文庙。后因年久墙废，碑文断裂，于 20 世纪 80 年代被县博物馆珍藏。博物馆内的四季诗碑刻早已残破，在泰宁，还有另外一份四季诗刻，它刻写在梨木上，是当地老书画艺术家梁鼎业先生看到原先保存在县里孔庙五王殿右廊墙中的朱熹四张“四季诗”碑刻因年久墙损而弄得碑文开始断裂后，顿时心急如焚，带着纸墨工具就跑到文庙开始拓印。虽不及珍藏的碑刻那般珍贵，却也有着非同一般的价值。

（二）尤溪县

1. 韦斋旧治

题刻全文：韦斋旧治

所在地：尤溪县文化馆

集释：

【高令印·朱熹事迹考 1987】最近在尤溪发现朱熹墨迹“韦斋旧治”石碣，现藏于尤溪县文化馆中。（214 页）

按语：宣和五年（公元 1123 年），朱松在燕居之所题写了室名“韦斋”，其意是取自“西门豹性急而佩韦”，用西门豹佩韦抑急制怒的典故，将自己居所取名“韦斋”。乾道七年（公元 1171 年），朱熹回尤溪，与知县石子重讲论学问于县学。游览其父朱松任尤溪县尉时燕居之所“韦斋”旧址，手书“韦斋旧治”，知县石子重勒石立碑。现存石碑为邑人卢兴邦于 1925 年请石匠临摹仿刻。左边行书“宋乾道七年文公朱夫子来访吏部韦斋尉尤遗迹因亲笔书额以记之”，右边落款“乙丑十四年春月留闽第一师师长卢兴邦勒石”。

2. 书朱韦斋诗

题刻全文：汤川平洋，高山流水。

所在地：尤溪西北三里龙门石洞

集释：

【清·乾隆·尤溪县志】洞壁勒朱韦斋先生诗，诗系先生手笔。字势雄绝，如右军书，所谓龙跳天门之概。洞固以先生传也。即“汤川平洋，高山流水”。（卷三·名胜）

【高令印·朱熹事迹考 1987】此诗不载于《韦斋集》。谓“诗系先生手笔”，是指朱松还是朱熹，不明。（269 页）

3. 朱子玉溪诗

题刻全文：独抱瑶琴过玉溪，琅然清夜月明时，儿回拟鼓阳春曲，月满虚堂下指迟。

所在地：尤溪南溪书院

集释：

【高令印·朱熹事迹考 1987】清康熙《南溪书院志》卷二《建置》曰：“玉溪桥朱文公诗‘独抱瑶琴过玉溪’是也。嘉靖末，毁于寇。今重建。西路由此达书院。”桥已不存，石刻无踪迹。是诗又有条幅。清陈敬璋《朱子文集补遗》附录《墨迹》曰：“‘独抱瑶琴过玉溪，琅然清夜月明时，儿回拟鼓阳春曲，月满虚堂下指迟。’条幅。”此条幅未见。此外，民国《建瓯县志》卷七《名胜》曰：“玉溪，朱子有夜过玉溪诗：‘独抱瑶琴过玉溪，琅然清夜月明时，只今已是无心久，却恐山前荷蒉知。’冯回有玉溪八咏。”上引后两句不同，是同一首诗还是两首，有待研究。（269 页）

4.《观书有感》

题刻全文：半亩方塘一鉴开，天光云影共徘徊。问渠那得清如许，为有源头活水来。

所在地：尤溪南溪书院

集释：

【高令印·朱熹事迹考 1987】朱熹《观书有感》二首之一“半亩方塘”，在福建尤溪南溪书院有石刻，其诗曰：“半亩方塘一鉴开，天光云影共徘徊。问渠那得清如许，为有源头活水来。”此石刻现在尚未查到。（279 页）

按语：陈来《朱熹观书诗小考》考证，该诗大概作于孝宗乾道二年（公元 1166 年）。

5. 明伦堂铭

题刻全文：天叙有典，匪学弗明。我作此堂，大猷是经。匪忠曷劝，匪孝曷程。咨尔学子，永观厥成。

所在地：尤溪县学明伦堂

集释：

【清·道光·重纂福建通志】朱子明伦堂铭：“天叙有典，匪学弗明。我

作此堂，大猷是经。匪忠曷劝，匪孝曷程。咨尔学子，永观厥成。”（卷六四·学校·尤溪县）

【高令印·朱熹事迹考 1987】是铭刻于尤溪县学明伦堂，石刻已无从查找，铭文载于《朱文公文集》卷八五《铭》，题曰《南剑州尤溪县学明伦堂铭》。（288 页）

（三）建宁县

1.《建宁府学游御史祠记》

题刻全文：故监察御史游公先生讳酢，字定夫，此邦之建阳人，而河南程氏之高第弟子也。徽庙初为御史，未几，去为郡江淮间，又退而闲居以卒。隆兴初元，岁在癸未，先生之殁于是四十有一年矣，今敷文阁待制延平陈公实为此邦，谓德学之盛有如先生者，而无祠于其乡之学，非独乡人子弟之过，长民者亦有罪焉。乃为堂于府学之东偏，立像致祠，而以书属熹，使记其意。熹辞谢弗堪，屡返而公不听，于是退考旧闻。按龟山杨文靖公所为先生墓志之辞曰：“予元丰中受学明道先生兄弟之门，有友二人焉。曰上蔡谢显道，公其一也。初，伊川先生以事至京师，一见公，谓其资可与适道。是时明道知扶沟县事，先生兄弟方以唱明道学为己任，设庠序，聚邑人子弟教之，召公来职学事。公欣然往从之，得其微言，于是尽弃其学而学焉。其后得邑河清，予往见之。伊川谓予曰：‘游君德器粹然，问学日进，政事亦绝人远甚。’于师门见称如此，其所造可知矣。公自幼不群，读书一过目辄成诵。比壮，益自力，心传目到，不为世儒之习。诚于中，形于外，仪容辞令，粲然有文，望之知其为成德君子也。其事亲无违，交朋友有信，莅官遇僚吏有恩意，虽人乐于自尽，而无敢慢其令者。惠政在民，戴之如父母，故去则见思，愈久而不忘。若其道学足以觉斯人，余润足以泽天下，遭时清明，不及用而死，此士论共惜之，非予之私言也。所著书有《中庸义》《易说》《诗二南义》《论孟杂解》各一卷，文集十卷，藏于家。”盖杨公所记如此。熹惟知先生之深而言足以命其德，且信于后宜莫逾于杨公者。然则先生之道学德行，于此可以观其详矣。又念每获侍坐于陈公，而闻其语先正忠肃公之与先生游也，笑谈论议，书疏辞章，昔所亲见而闻之者，至今尚能诵之。其雍容仰俯之间，又能并得其深微之意，使闻者恍然若将复见其人焉。此其于先生之道为何如哉！然则公之所以命祀先生，盖将推其所得于已者，以幸教此邦之人，非徒致钦慕之意，以修故事而已也。熹既不获终辞，乃悉论著杨公本语，而不敢辄赞一辞于其间，且复揆公指意所出者，如是而并书之以承公命，庶乎其可幸无罪云耳。呜呼！先生远矣，学者登是堂而拜其像。于是记也，考其师友之渊源，退访其书而读之，于以求先生之所以学者果恶乎在，幸而有以自得之，则亦无以异乎亲而炙之矣。《诗》曰："人之好我，示我周行。"又曰："高山仰止，景行行止。"熹虽不敏，愿与承学之士勉焉，以无忘陈公之德也。八月甲子具位朱熹记。

所在地：建宁

集释：

【宋·王象之·舆地碑记目】《游先生祠堂记》，朱熹文。（卷三·建宁府碑记）

【清·冯登府·闽中金石志】《游先生祠堂记》，隆兴元年。《舆地碑目》："朱子撰，在建宁。（卷九·宋四·游先生祠堂记）

【民国·福建通志】《游先生祠堂记》，在建宁，隆兴元年。……《舆地碑目》云在建宁。（金石·卷十·宋五·游先生祠堂记）

按语：《朱子全书》卷七七，名为《建宁府学游御史祠记》。

（四）大田县

1. 寒竹风松

题刻全文：寒竹风松

所在地：大田县大罗岩

集释:

【程楷·朱熹题“溪山第一”辨析 2011】大轮山摩崖之“寒竹风松”……大田大罗岩之“寒竹风松”……和永春岱山岩之“寒竹风松”……“寒竹风松”三处。

六、莆田市

（一）莆田市

1. 苍野朱仲晦题名

题刻全文：淳熙癸卯仲冬，朱仲晦登。

所在地：莆田苍野东坡小石山

集释：

【清·孙星衍、邢澍·环宇访碑记】苍野题名，朱子八分书，无年月，福建莆田。（卷九·南宋）

【清·刘尚文·莆阳金石初编】按癸卯为孝宗淳熙十年。先一年，文公官提举浙江常平茶盐，因按台州唐仲友事，为王淮所嫉，乃乞奉祠。是年六月，即有郑丙、陈贾请帝辨明道学之疏，盖为淮修怨而发也。题石之时，正是自家来游。凡二行，计十字。《环宇访碑录》误作八分体。《亦园脞牍》已辩其非然。是山有“苍野”二字，八分书，系明右佥御史林有孚笔。林谢政后建亭于是山，始勒此，与文公题名之石相去二三十步。

【清·陈棨仁·闽中金石略】苍野朱子题名。石高八尺，广三尺余，二行，行五字，正书，在莆田县。“淳熙癸卯中冬，朱仲晦登。”右在东坡小石山，去兴化郡城五里，字径尺余，凝厚蕴藉，无一懈笔，贤者固无所不用心也。（卷九·宋七·朱文公苍野题名）

【民国·福建通志】在莆田，淳熙十年。“淳熙癸卯中冬，朱元晦登。”《莆阳金石初编》云：在城南堂坡山，按癸卯为孝宗淳熙十年。先一年，文公官提举浙江常平茶盐，因按台州唐仲友事，为王淮所嫉，乃乞奉祠。是年六月，即有郑丙、陈贾请帝辨明道学之疏，盖为淮修怨而发也。题石之时，正是自家来游。凡二行，计十字。《环宇访碑录》误作八分体。《亦园脞牍》已辩其非然。是山有“苍野”二字，八分书，系明右佥御史林有孚笔。林谢政后建亭于是山，始勒此，与文公题名之石相去二三十步。《陈略》云：在东坡小石山，去兴化郡城五里。衍案，《访碑录》以“苍野”二大字为朱子分书，误。（金石・卷十・宋五・朱文公小苍野题名）

【高令印・朱熹事迹考 1987】在泉州邻近的兴化郡莆田县苍野东坡小石山遗存有朱熹题名摩崖。其曰：“淳熙癸卯仲冬，朱元晦登。”字径尺余，正书。“癸卯仲冬”即淳熙十年（公元一一八三年）十一月。此题名的日期、地址十分明确，而清人孙星衍、邢澍在《环宇访碑录》卷九《南宋》中却谓无年月。其曰：“苍野题名，朱子八分书，无年月，广东归善。”游踪题名，当然要书写时间。“广东归善”即归善（今惠阳）人所藏拓片。……此迹尚存。（165 页）

【杨文新・朱熹在福建的摩崖石刻研究 2010】莆田东坡小石山，“淳熙癸卯中冬朱仲晦登”，现存。民国《福建通志》之《福建金石志》卷十无“淳熙癸卯仲冬”六字；同书卷十一另有“东坡山，冯志云在莆田县治南傍溪矗石如积，宋朱文公来游勒石”记载。

按语：宋孝宗淳熙十年为公元 1183 年。《朱熹事迹考》引《环宇访碑记》作“广东归善”，有误，查《环宇访碑记》实作“福建莆田”。民国《福建通志》之《福建金石志》“东坡山”在卷十，而非杨文新所说“卷十一”。朱熹书“淳熙癸卯仲冬，朱仲晦登。”十字，与文公题名之石相去二三十步的“苍野”二字为明代林有孚书。《福建通志》认为《访碑录》以“苍野”二大字为朱子分书有误，但《环宇访碑记》所记“苍野题名”不是“苍野”二字，应是指朱熹所书“淳熙癸卯仲冬，朱仲晦登。”

2. 苍野

题刻全文：苍野

所在地：莆田苍野

集释：

【清・冯登府・闽中金石志】“苍野”，《访碑录》：朱子分书，在莆田。（卷十一・宋六・苍野）

【清・刘尚文・莆阳金石初编】按癸卯为孝宗淳熙十年。先一年，文公官提举浙江常平茶盐，因按台州唐仲友事，为王淮所嫉，乃乞奉祠。是年六月，即有郑丙、陈贾请帝辨明道学之疏，盖为淮修怨而发也。题石之时，正是自家来游。凡二行，计十字。《环宇访碑录》误作八分体。《亦园脞牍》已辩其非然。是山有“苍野”二字，八分书，系明右佥御史林有孚笔。林谢政后建亭于是山，始勒此，与文公题名之石相去二三十步。

按语：刘尚文已说明“苍野”二字为明代林有孚笔。《闽中金石志》云“苍野”，《访碑录》：朱子分书，在莆田。但《环宇访碑记》所记“苍野题名”应不是“苍野”二字，而是朱熹所书“淳熙癸卯仲冬，朱仲晦登。”

3. **朱仲晦登**

题刻全文：朱仲晦登

所在地：莆田小石山

集释：

【清・冯登府・闽中金石志】东埔小石山石刻，淳熙十年。“朱仲晦登”，在莆田。（卷九・宋四・东埔小石山石刻）

【民国・福建通志】在莆田，淳熙十年。“朱仲晦登”，《冯志》云在莆田。（金石・卷十・宋五・东埔小石山石刻）

4. **东坡山**

题刻全文：东坡山

所在地：莆田东坡山

集释：

【清・冯登府・闽中金石志】东坡山石刻，在莆田县治南傍溪矗石如积，宋朱文公来游勒石。（卷十一・宋六・东坡山石刻）

【民国・福建通志】东坡山石刻，在莆田，淳熙间。“东坡山”，《冯志》

云在莆田县治南傍溪矗石如积，宋朱文公来游勒石。（金石·卷十·宋五·东坡山石刻）

5. **与造物游**

题刻全文：与造物游

所在地：莆田圣寿寺

集释：

【清·孙星衍、邢澍·环宇访碑记】“与造物游”四字，朱子正书，无年月，浙江山阴。（卷九·南宋）

【清·冯登府·闽中金石志】“与造物游”，在莆田圣寿寺，朱子书。（卷十一·宋六·与造物游）

【清·陈棨仁·闽中金石略】朱文公书‘与造物游’四字，石高四尺三寸，横广一丈四寸，每字纵横一尺七寸零。（转引自《朱熹事迹考》188页）

【清·刘尚文·莆阳金石初编】（卷上）

【民国·福建通志】朱文公囊山题字，在莆田。“与造物游，晦翁书。”《莆阳金石初编》云：在半仔寮。（金石·卷十一·宋六·朱文公囊山题字）

【高令印·朱熹事迹考 1987】朱熹为漳州太守时，曾在漳州龙海颜厝白云岩解经读书。白云岩遗存有朱熹的楹联横额和对联。其横额曰：“与造物游。晦翁书。”（227页）

按语：圣寿寺，又名圣寿禅寺，位于福建省莆田市涵江区江口镇厚峰村的佛日山南麓，始建于唐光启年间（公元885年—888年），相传秀岩禅师为唐僖宗祝寿所建。所引陈棨仁《闽中金石略》内容转引自高令印《朱熹事迹考》188页，该书说在“卷九《宋》七”，但核查该卷，未找到此条。

七、南平市

（一）武夷山市

1.《九曲棹歌・九曲》补刻

题刻全文：九曲将穷眼豁然，桑麻雨露见平川。渔郎更觅桃源路，除是人间别有天。甲戌年八月增。

所在地：武夷山九曲溪

集释：

【武夷山摩崖石刻 2007】原刻已严重风化，1994 年武夷山景区管委会补镌于九曲溪南，西北向。幅面 200×140 厘米，大字 16×16 厘米，小字 10×10 厘米，距离水面高度 520 厘米。……平川是地名，指九曲溪尽头星村一带。此处一马平川，桑麻蔽野，良田千顷，屋舍俨然，鸡犬之声相闻，全然是桃源景象。（2 页）

按语：此题刻为补刻，九曲溪原刻已严重风化，1994 年武夷山景区管委会补刻《九曲棹歌・九曲》，除了原文之外，还增加了“甲戌年八月增”六字。朱熹作《九曲棹歌》共十首，又题“淳熙甲辰仲春，精舍闲居，戏作武夷棹歌十首，呈诸同游，相与一笑。”第一首小引：“武夷山上有仙灵，山下寒流曲曲清。欲识个中奇绝处，棹歌闲听两三声。”交代作歌的原因，实际上是序诗。《九曲棹歌》的次序是乘坐上水船逆流而数的。

2.《九曲棹歌・八曲》

题刻全文：八曲风烟势欲开，鼓楼岩下水潆洄。莫言此地无佳景，自是游人不上来。

所在地：武夷山八曲溪水狮石

集释：

【武夷山摩崖石刻 2007】镌于八曲溪北上水狮石，西南向。幅面 140×200 厘米，每字 21×18 厘米，距水面高度 490 厘米。……八曲处处佳景，只可惜鼓楼岩下水流湍急，游人难以停筏上岩游览。（6 页）

按语：《九曲棹歌·八曲》原石刻尚存，又有补刻，见下条《九曲棹歌·八曲》补刻。

3.《九曲棹歌·八曲》补刻

题刻全文：八曲风烟势欲开，鼓楼岩下水潆洄。莫言此地无佳景，自是游人不上来。甲戌年八月。

所在地：武夷山八曲溪水狮石

集释：

【黄胜科·朱熹与武夷山摩崖石刻 2004】据民国《福建通志》载，《九曲棹歌》10 首全部镌刻于九曲溪各岩壁，但对镌刻时间尚难确定："云'淳熙甲辰仲春精舍闲居戏作《武夷棹歌》十首，呈诸同游相与一笑。'今拓本无年月，不知何时上石，无可考矣。"但估计也是朱熹闲居武夷精舍时（1183～1190）镌刻于石。10 首棹歌，经 800 余年的风吹日晒，至今尚存一曲、二曲、四曲、五曲、六曲、八曲 6 方，分别刻于一曲水光石、二曲勒马岩、四曲题诗岩、五曲晚对峰、六曲响声岩、八曲溪北岩壁。为了让游客乘筏游览时能够完整欣赏朱熹这一千古绝唱，武夷山风景区管理部门于 1997 年又分别补镌了二曲、三曲、五曲、七曲、九曲棹歌（其中二曲、五曲棹歌因朱熹原刻离岸较远，在水上看不见，故也补刻于乘筏可见处。）《九曲棹歌》已经成为武夷山九曲溪精品旅游路线的重要文化景观。

【武夷山摩崖石刻 2007】1994 年镌朱熹《九曲棹歌·八曲》于八曲溪北上水狮石，西南向，幅面 150×210 厘米，大字 28×22 厘米，小字 15×12 厘米，距地高度 500 厘米。（6 页）

按语：此刻为武夷山景区管委会补刻，除了《九曲棹歌·八曲》原文之外，增加了“甲戌年八月”五字。

4.《九曲棹歌·七曲》补刻

题刻全文：七曲移舟上碧滩，隐屏仙掌更回看。却怜昨夜峰头雨，添得飞泉几道寒。甲戌年八月增。

所在地：武夷山七曲溪

集释：

【武夷山摩崖石刻 2007】1994 年镌于七曲溪南，西北向。幅面 140×200 厘米，大字 20×20 厘米，小字 10×10 厘米，距水面高度 1100 厘米。……七曲有獭控滩，即是诗中“移舟上碧滩”之滩；其后有隐屏峰、仙掌峰，所以说“回看”；“飞泉”指山上凌空飞泻的山泉。几道山泉，平添山中寒气，又增山瀑秀色。（9 页）

按语：此为武夷山景区管委会补刻，除了《九曲棹歌·七曲》原文之外，增加了“甲戌年八月增”六字。

5.《九曲棹歌·六曲》

题刻全文：六曲苍屏绕碧湾，茆茨终日掩柴关。客来倚棹岩花落，猿鸟不惊春意闲。

所在地：武夷山六曲溪响声岩

集释：

【清·乾隆·福建通志】明湛若水撰并书在武夷山。（卷之六十三·古迹·石刻·建宁府·九曲棹歌石刻）

【清·冯登府·闽中金石志】朱子撰书在武夷。（卷十二·宋七·九曲櫂歌）

【清·陈棨仁·闽中金石略】朱文公武夷九曲棹歌，在六曲响声岩。……案朱文公《棹歌》凡十首，今石刻惟此存。（卷八·宋六·武夷山宋人诗刻二段·朱文公棹歌）

【清·林尔嘉·闽中金石略考证】是刻见《山志》六曲。响声岩与之略合。朱熹武夷九曲棹歌十首，此其第七也。……《武夷旧志》称，晦翁棹歌分刻九曲溪傍，尝寻得其四，惟六曲为真迹无疑，若四曲、七曲、八曲字盖不类，镌刻如新，疑为后人所补云。（卷四・武夷山朱子九曲棹歌）

【民国・福建通志】在崇安……《叶记》云：《晦庵集》载此诗题云：淳熙甲辰仲春，精舍闲居戏作武夷棹歌十首，呈诸同游相与一笑。今拓本无年月，不知何时上石，无可考矣。山中朱子石刻由淳熙乙未，与何叔京、连嵩卿等同游，淳熙戊戌，与刘彦集、岳卿、纯叟等同游，淳熙辛丑，与刘岳卿、胡希圣等同游，则皆在此诗之前矣。又别本七曲后二句，原诗作人言此处无佳景，只有石堂空翠寒，与此异。《陈略》云：六曲苍屏云云在六曲响声岩。朱文公《棹歌》凡十首，今石刻惟此存。（金石・卷十一・宋六・九曲棹歌）

【民国・崇安县新志】六曲苍屏绕碧湾，茆茨终日掩柴关。客来倚棹岩花落，猿鸟不惊春意闲。晦翁。（卷三・地理・金石）

【高令印・朱熹事迹考 1987】朱熹在居住武夷山后的第二年，即孝宗淳熙十一年（公元一一八四年）二月，对武夷山九曲盛景都作歌一首加以描绘，开头加上一首序诗，共十首，题曰《淳熙甲辰中春精舍闲居戏作武夷棹歌十首呈诸同游相与一笑》。……据传，朱熹描绘九曲的九首棹歌墨迹分别刻于九曲溪流旁的石崖上。现在仍可看到的，只有六曲和一曲棹歌摩崖。朱熹六曲棹歌摩崖在“六曲”石刻二大字之旁。行书。……这首棹歌又称“紫阳夫子神斧之章”。在武夷山楼阁岩，有南宋翁咏等游踪题词摩崖，其中讲道朱熹六曲棹歌。其曰：“宋五甲寅夏闰乙未，后山翁咏、蔡公亮、瑶田詹复同游九曲，邂逅圃田，詹然于大隐屏下相拉，观一字天之胜，然之弟愊载酒来会，引觞命酌，咏紫阳夫子神斧之章，慨然有感，援笔赋诗，题名而归。公亮书，然镌石。”（《闽中金石略》卷八《宋》六）北宋初至南宋理宗宝祐二年（公元一二五四年），共经五甲寅。这是朱熹死后五十四年的事。由此可见，六曲棹歌摩崖是朱熹真迹无疑。……这种仅据“字盖不类，镌刻如新”八字即完全否认其余八首非朱熹手书真迹的见解，只能算是一家之言。其实“朱熹书不一格”，六曲棹歌石刻之外的八首棹歌石刻是否是朱熹真迹还有待进一步研究。在四曲试剑石有《留元纲等题名》，其中讲到朱熹的棹歌。……留元纲一作元刚，字茂潜，福建永春人。嘉定丙子，即南宋宁宗嘉定九年（公元一二一六年），是朱熹死后十六年。留元纲等人关于“泛舟溯九曲”“赓文中之棹歌”的说法，不一定单指六曲棹歌。因此，其余棹歌可能有的是朱熹的手书真迹。（274 页）

【武夷山摩崖石刻 2007】镌于六曲溪南响声岩，东向。幅面 150×110 厘米，每字 22×18 厘米，距水面高，359 厘米。……民国《崇安县新志》有“晦翁”2 字款识，实无。……六曲流程最短，溪东有巨峰高耸，称仙掌峰，仙掌峰南隐屏峰曾是游酢、杨时隐居之处，面溪背山，环境清幽，确如朱熹所咏，岩花自落，猿鸟不惊，极为清净，最宜读书著述。（13 页）

按语：诸书只有乾隆《福建通志》记载为湛若水撰并书，误。湛若水（公元 1466 年—1560 年），字元明，号甘泉，明代哲学家。据目前所见石刻，无“晦翁”二字，不知是本来就没有，还是已经风化。

6. 何叔京等武夷山题名

题刻全文：何叔京、朱仲晦、连嵩卿、蔡季通、徐文臣、吕伯共、潘叔昌、范伯崇、张元善，淳熙乙未五月廿一日。

所在地：武夷山六曲溪响声岩

集释：

【清·董天工·武夷山志】何叔京、朱仲晦、连嵩卿、蔡季通、徐宋臣、吕伯共、潘叔昌、范伯崇、张元善，淳熙乙未五月廿一日。（卷一二·六曲·溪南·岩石刻字）

【清·孙星衍、邢澍·环宇访碑记】何叔卿、朱仲晦等题名，正书，淳熙二年五月。福建□□。（卷九·南宋）

【清·冯登府·闽中金石志】何叔京等武夷山题名，淳熙二年。“何叔京、朱仲晦、连嵩卿、蔡季通、徐宋臣、吕伯共、潘叔昌、范伯崇、张元善，淳熙乙未五月廿一日。晦翁。”《崇安县志》在武夷响声岩。按是年五月吕伯共自东阳来访，朱子留寒泉精舍，旬日编次《近思录》成，见年谱。季通元定字，范念德字伯崇，建阳人，从文公学仕，宜黄令。何镐字叔京，邵武人，

官善化令。连崧字嵩卿。（卷九·宋四·何叔京等武夷山题名）

【清·陈棨仁·闽中金石略】何叔京等题名，正书，在六曲响声岩。“何叔京、朱仲晦、连嵩卿、蔡季通、徐宋臣、吕伯共、潘叔昌、范伯崇、张元善，淳熙乙未五月廿一日。”案叔京名镐，邵武人。嵩卿名崧。季通名元定。伯共名祖谦。伯崇名念德。考朱子年谱，淳熙二年五月，吕伯恭自东阳访公于寒泉精舍，旬日编次《近思录》成，此游盖即其时事也。（卷八·宋六·武夷山宋人题名十五段·何叔京等题名）

【清·林尔嘉·闽中金石略考证】案是刻见《武夷山志》六曲响声岩，与《略》合，又见《环宇访碑录》，叔京误作叔卿。（卷四·武夷山何叔京等题名）

【民国·福建通志】在崇安，淳熙二年。“何叔京、朱仲晦、连嵩卿、蔡季通、徐宋臣、吕伯共、潘叔昌、范伯崇、张元善，淳熙乙未五月廿一日。晦翁。”《崇安县志》云在武夷响声岩。《冯志》云是年五月吕伯共自东阳来访，朱子留寒泉精舍，旬日编次《近思录》成，见年谱。季通元定字，范念德字伯崇，建阳人，从文公学仕，宜黄令。何镐字叔京，邵武人，官善化令。连崧字嵩卿。（金石·卷十·宋五·何叔京等武夷山题名）

【民国·崇安县新志】何叔京、朱仲晦、连嵩卿、蔡季通、徐文臣、吕伯共、潘叔昌、范伯崇、张元善，淳熙乙未五月廿一日。晦翁。（卷三·地理·金石）

【高令印·朱熹事迹考 1987】此即孝宗淳熙二年（公元一一七五年）五月。何叔京名镐，世称台溪先生，福建邵武人，曾为福建安溪主簿，上杭县丞等。何叔京是朱熹讲友，朱熹谓：“过我精舍，讲道论心，穷日继夜。…若兄之贤，实我所畏惧”。蔡季通名元定，号牧庵，世称西山先生，福建建阳人，朱熹门人之首。吕伯恭名祖谦，浙江金华人。范伯崇名念德，福建建瓯人，朱熹门人。上面讲到，这次出游的日期可以说明朱熹的寒泉精舍建成和编选《近思录》的时间，颇为重要……这里有三个问题：第一，何叔卿之卿，应为京；第二，不敢肯定是朱熹题刻；第三，不知是在何地方。可见孙、邢

是道听途说得来的。(163—164 页)

【黄胜科·朱熹与武夷山摩崖石刻 2004】一方刻于淳熙二年(1175),全文为“何叔京、朱仲晦、连嵩卿、蔡季通、徐文臣、吕伯共、潘叔昌、范伯崇、张元善,淳熙乙未五月廿一日。”竖书 18 行,每行仅 2 字,幅面 57×410 厘米,每字规格 19×19 厘米,距地高度 190 厘米。这幅石刻与中国哲学史的一场著名辩论紧密相连。南宋淳熙二年(乙未),朱熹率学友、弟子等人,偕同浙东派学者吕祖谦师徒前往与崇安毗邻的江西铅山县鹅湖寺,同江西派学者陆九龄、陆九渊兄弟进行学术辩论,这就是哲学史上有名的客观唯心主义学派(以朱熹为代表)同主观唯心主义学派(以陆氏兄弟为代表)的一场大辩论,史称“鹅湖论辩”。行前,朱熹、吕祖谦偕同学友、门生等游览武夷山,并勒石纪胜。刻石文字中的何叔京名何镐、邵武学者,是朱熹的弟子与学友;朱仲晦即朱熹;连嵩卿名连崧,邵武学者,朱熹弟子;蔡季通名蔡元定,朱熹第一门徒,建阳理学家;徐文臣,旧志载为“徐宋臣”,但实地核对,应是“文臣”;吕伯共(恭)即吕祖谦;潘叔昌名潘景愈,浙江学者;范伯崇名范念德,建阳学者,朱熹弟子;张元善即詹体仁,一度随舅姓张,崇安学者,朱熹弟子。短短 36 字,不仅记录了这场大辩论的时间,更记录了参加辩论的主要人物,意义非常。

【武夷山摩崖石刻 2007】宋淳熙二年(1175)镌于六曲溪南响声岩,东向。幅面 57×410 厘米,每字 19×19 厘米,距地高度 190 厘米。……清董天工《武夷山志》“徐文臣”作“徐宋臣”。……偕游者何镐,字叔京,邵武人,曾任湖南善化县令,逝世后朱熹为之撰墓志铭;蔡季通,即蔡元定,建阳县人,朱熹第一门徒,学者称西山先生,去世后谥“文节”;吕祖谦,字伯恭(共),南宋理学家,婺州(今浙江金华)人,朱熹学友,累官著作郎兼国史院编修,谥曰“成”,曾与朱熹一起讲学于武夷;范念德,字伯崇,建阳人,从朱熹游学;潘景愈,字叔昌,浙东学派理学家,陪同吕祖谦来访朱熹;连崧,字嵩卿,邵武人,朱熹弟子;詹体仁,字元善,一度随舅姓张,崇安人,朱熹弟子。……纪游题刻。朱熹于南宋淳熙二年率学友、弟子等人,偕同浙东派学者吕祖谦师徒前往江西铅山县鹅湖寺，同江西派学者陆九龄、陆九渊兄弟进行学术辩论，即历史上有名的“鹅湖论辩”。行前，朱熹、吕祖谦偕同学友、门生等游览武夷山，勒石纪游。（18 页）

按语：高令印引董天工《武夷山志》作“徐守臣”，并有“晦翁”二字，董书实作“徐宋臣”，且无“晦翁”二字。吕祖谦之字，《闽中金石略》“伯共”“伯恭”混用。南宋淳熙二年（公元 1175 年），朱熹率学友、弟子等人，偕同浙东派学者吕祖谦师徒前往江西铅山县鹅湖寺，同江西派学者陆九龄、陆九渊兄弟进行学术辩论，即“鹅湖论辩”。行前，游览武夷山，勒石纪游。何镐，字叔京，邵武人，世称台溪先生，曾为安溪主簿、上杭县丞等。何镐为朱熹讲友，逝世后朱熹为之撰墓志铭。连崧，字嵩卿，邵武人，朱熹门人。蔡元定，字季通，号牧庵，建阳人，朱熹第一门徒，世称西山先生，去世后谥“文节”。吕祖谦，字伯共，南宋理学家，婺州（今浙江金华）人，朱熹学友，累官著作郎兼国史院编修，谥曰“成”，曾与朱熹一起讲学于武夷。潘景愈，字叔昌，浙东学派理学家，陪同吕祖谦来访朱熹。范念德，字伯崇，建阳人，朱熹门人。詹体仁，字元善，一度随舅姓张，崇安人，朱熹门人。

7. **刘彦集等武夷山题名**

题刻全文：淳熙戊戌八月乙未，刘彦集、岳卿、纯叟、廖子晦、朱仲晦来。

所在地：武夷山六曲溪响声岩

集释：

【清・董天工・武夷山志】淳熙戊戌八月乙未，刘彦集、岳卿、纯叟、廖子晦、朱仲晦来。（卷一二・六曲・溪南・岩石刻字）

【清・冯登府・闽中金石志】刘彦集等武夷山题名，淳熙五年。“淳熙戊戌八月乙未，刘彦集、岳卿、纯叟、廖子晦、朱仲晦来。晦翁。”《崇安县志》在武夷响声岩。按是年八月朱子年四十九岁，差知南唐军，辞不允，降旨速之任，见年谱。子晦名德明，顺昌人。（卷九・刘彦集等武夷山题名）

【清・陈棨仁・闽中金石略】刘彦集等题名，正书，在响声岩。“淳熙戊戊八月乙未，刘彦集、岳卿、纯叟、廖子晦、朱仲晦来。”案岳卿名甫，崇安人，子晦名德明，顺昌人。是年文公被旨知南康军。（卷八·宋六·武夷山宋人题名十五段·刘彦集等题名）

【民国·福建通志】刘彦集等武夷山题名，淳熙五年。“淳熙戊戌八月乙未，刘彦集、岳卿、纯叟、廖子晦、朱仲晦来。晦翁。”《崇安县志》云在武夷响声岩。《冯志》云是年朱子年四十九岁，差知南唐军，辞不允，降旨速之任，见年谱。《诗集》有陪彦集充父同游瑞岩诗。子晦名德明，顺昌人。《武夷山志》云廖德明乾道己丑进士，仕至吏部左选郎，著有《春秋会要》、《槎溪集》，受业文公，编辑语录。（金石·卷十·宋五·刘彦集等武夷山题名）

【民国·崇安县新志】淳熙戊戌八月乙未，刘彦集、岳卿、纯叟、廖子晦、朱仲晦来。晦翁。（卷三·地理·金石）

【高令印·朱熹事迹考 1987】后落款“晦翁”二字，此引《冯志》、民国《福建通志》金石卷一〇皆有，而清陈棨仁《闽中金石略》卷八《宋》六所载则无。此即孝宗淳熙五年（公元一一七八年）八月。刘彦集名子翔，福建崇安人，朱熹妹婿。岳卿姓刘名黼，又字季章，福建崇安人，朱熹门人。纯叟姓刘又名尧夫，号淳叟，亦用醇叟、纯叟，江西抚州人，陆象山门人，后往返于朱、陆之间。廖子晦名德明，号槎溪，福建顺昌人，朱熹门人。是时岳卿隐居武夷山水帘洞，邀朱熹等往游。（164 页）

【黄胜科·朱熹与武夷山摩崖石刻 2004】另一幅纪游题刻镌于淳熙五年（1178 年），距前次仅 3 年，题刻全文为：“淳熙戊戌八月乙未，刘彦集、岳卿、纯叟、廖子晦、朱仲晦来。”竖书 6 行，幅面 170×210 厘米，每字规格 38×30 厘米，距地高度 1200 厘米。题刻记录了朱熹与理学挚友、弟子频繁交往、切磋磨砺的情况。其中刘岳卿名刘甫，崇安人，抗金将领刘衡之子，遵父嘱终身不仕，隐于武夷山水帘洞。朱熹与蔡元定等常到水帘洞共探理学奥义，逝世后，人们在水帘洞建三贤祠，祀刘子翚、刘甫、朱熹三贤。廖子晦名廖德明，顺昌人，朱熹弟子；刘纯叟名刘尧夫，抚州金溪人，朱熹弟子。

【武夷山摩崖石刻 2007】南宋淳熙五年（1178）镌于六曲溪南响声岩，

东向。幅面 170×210 厘米，每字 38×30 厘米，距地高度 1200 厘米。……民国《福建通志》、《崇安县新志》俱有“晦翁”二字款识。清董天工《武夷山志》无款识，但注明为朱熹手书。实际上刻文中已有“朱仲晦”三字，一般不会再加款识，实地看也无，前两志可能是赘书。……同游者刘彦集，名子祥，崇安学者，朱熹义父刘子羽族弟，朱熹妹夫；刘岳卿，名甫，崇安人，抗金将领刘衡之子，遵父嘱终身不仕，隐于武夷山水帘洞，朱熹常随其师刘子翚到水帘洞与之共探理学奥义，后人在水帘洞建三贤祠，祀刘子翚、刘甫、朱熹三贤；廖子晦，名德明，顺昌人，朱熹弟子；刘纯叟名尧夫，抚州金溪人，朱熹弟子。……记录朱熹与理学挚友、门徒频繁交往。切磋磨砺情况。（19 页）

按语：题刻实地所见无“晦翁”二字。宋孝宗淳熙五年为公元 1178 年，岳卿隐居武夷山水帘洞，邀朱熹等往游。刘彦集，名子翔，崇安人，朱熹义父刘子羽族弟，朱熹妹夫。刘岳卿，名甫，又字季章，崇安人，抗金将领刘衡之子，遵父嘱终身不仕，隐于武夷山水帘洞，朱熹常随其师刘子羽到水帘洞与之共探理学奥义，后人在水帘洞建三贤祠，祀刘子羽、刘甫、朱熹三贤。刘纯叟，名尧夫，号亦用淳叟、醇叟，江西抚州人，陆象山门人，后往返于朱陆之间。廖子晦，名德明，号槎溪，顺昌人，朱熹弟子。民国《福建通志》引《冯志》“《诗集》有陪彦集充父同游瑞岩诗”，查《闽中金石志》，无此句。另诗名为《奉陪彦集充父同游瑞岩谨次莆田使君留题之韵》。

8. 逝者如斯

题刻全文：逝者如斯

所在地：武夷山六曲溪响声岩

集释：

【清·董天工·武夷山志】逝者如斯。晦翁书。（卷一二·六曲·溪南·岩石刻字）

【清·冯登府·闽中金石志】“逝者如斯”，朱子书，在崇安。（卷十二·宋七·逝者如斯）

【清·陈棨仁·闽中金石略】“逝者如斯。晦翁书。”在六曲响声岩。（卷八·宋六·武夷末人榜书七段·逝者如斯）

【民国·福建通志】在崇安，“逝者如斯”，《武夷山志》云：朱子书。（金石·卷十一·宋六·武夷山响声岩题字）

【民国·崇安县新志】逝者如斯。晦翁。（卷三·地理·金石）

【黄胜科·朱熹与武夷山摩崖石刻 2004】武夷山表达朱熹理学思想的题刻有“逝者如斯”、“天心明月”、“忠孝”以及已佚的“沧浪歌”等。“逝者如斯”四字镌于六曲响声岩，竖书 2 行，幅面（高×宽，下同）130×120 厘米，每字规格 50×45 厘米，离地高度（指字幅上岩至岩前站立地面，下同）350 厘米。题刻四字出于典《论语》：“子在川上曰：逝者如斯夫。”从题刻可以联想到朱熹对国家多难和身世坎坷的悲愤以及对理学真谛的执著探究和追求。同时告诫世人光阴就像人眼前的流水，奔流向前，用不停留，因而要珍惜时光，奋发拼搏，不要虚度年华。

【武夷山摩崖石刻 2007】镌于六曲溪南响声岩，东向。幅面 130×120 厘米，每字 50×45 厘米，距地高度 350 厘米。……清董天工《武夷山志》、民国《崇安县新志》载有款识“晦翁书”3 字，实地看似无，或是已风化。……刻文出典于《论语》：“子在川上曰：逝者如斯夫。”题刻可以令人联想到朱熹对国家多难和身世坎坷的悲愤以及对理学真谛的执著探究，同时勉励世人要珍惜光阴。（16 页）

按语：清代《武夷山志》及民国《崇安县新志》载有款识“晦翁书”，实地无，或已风化。

9.《九曲棹歌·五曲》

题刻全文：五曲山高云气深，长时烟雨暗平林。林间有客元人识，唉乃声中万古心。

所在地：武夷山五曲溪晚对峰

集释：

【武夷山摩崖石刻 2007】镌于五曲溪西晚对峰，东南向。幅面 150×120

厘米，每字 16×14 厘米，距水面高度 750 厘米。(23 页)

按语:《九曲棹歌·五曲》原石刻尚存，又补刻，见下条《九曲棹歌·五曲》补刻。

10.《九曲棹歌·五曲》补刻

题刻全文：五曲山高云气深，长时烟雨暗平林。林间有客元人识，唉乃声中万古心。甲戌年八月增。

所在地：武夷山五曲溪岩壁

集释：

【武夷山摩崖石刻 2007】1994 年镌于五曲溪西岩壁，东北向。幅面140×200 厘米，大字 16×16 厘米，小字 10×10 厘米，距水面高度 760 厘米。……系今人补镌朱熹《九曲棹歌·五曲》。诗句表达朱子单薄名利，心存圣贤旷达心怀。(22 页)

按语：此武夷山景区管委会补刻，除了《九曲棹歌·五曲》原文之外，增加了“甲戌年八月增”六字。

11. 茶灶

题刻全文：茶灶

所在地：武夷山五曲溪茶灶石

集释：

【清·冯登府·闽中金石志】“茶灶”，在武夷茶灶石，朱子书（卷十二·宋七·茶灶)

【清·陈棨仁·闽中金石略】“茶灶。朱熹书。”在五曲。(卷八·宋六·武夷末人榜书七段·茶灶)

【民国·福建通志】“茶灶”，《叶记》云：朱子书。案，武夷精舍杂咏诗序钓矶、茶灶皆在大隐屏西矶石上，平在西北岸，灶在溪中流，巨石屹然，可环坐八九人，四面皆水，当中科日自然如灶，可爨以沦茗。(金石·卷十一·宋六·武夷山五曲题字)

【民国·崇安县新志】茶灶，在武夷茶灶石，朱熹书。(卷三·地理·金

石）

【黄胜科·朱熹与武夷山摩崖石刻 2004】“茶灶”刻于五曲溪中茶灶石上，横书，幅面 60×100 厘米，每字规格 50×35 厘米，距地高度 120 厘米。茶灶为朱熹武夷精舍 12 景之一，位于武夷精舍西侧溪流中，为一块天然洲石，上有数处砾石脱落岩穴，可燃炭煮茗。朱熹经常偕友到石上煮茗论道，并有《茶灶》诗一首：“仙人遗茶灶，宛在水中央。饮罢方舟去，茶烟袅细香。”

【武夷山摩崖石刻 2007】镌于五曲溪流中的茶灶石上，南向。幅面 60×150 厘米，每字 50×40 厘米，距水面高度 120 厘米。原刻已消蚀，1999 年据志书记载补镌。……清董天工《武夷山志》、民国《崇安县新志》载有款识“朱熹书”，补镌时撷朱子墨宝，但略款识。……五曲溪流中礁石上有天然灶洞，可燃炭煮茗。此处离武夷精舍不远，朱熹在精舍讲学时，常偕友到石上煮茗论道，故称茶灶石。（25 页）

【杨文新·朱熹在福建的摩崖石刻研究 2010】南平武夷山，“茶灶，朱熹书”，现存，在五曲。

12.《九曲棹歌·四曲》

题刻全文：四曲东西两石岩，岩花垂落碧氉毵。金鸡叫罢无人见，月满空山水满潭。

所在地：武夷山四曲溪题诗岩

集释：

【武夷山摩崖石刻 2007】南宋时镌于四曲溪北题诗岩，东南向。幅面 110×90 厘米，每字 14×12 厘米，距水面高度 200 厘米。……“两石岩”指四曲中的大藏峰和仙钓台。“氉毵”形容羽毛长长，且散乱披离，此处以山花带露衬出黎明时分。四曲大藏峰壁有金鸡洞，传说洞中有金鸡为世人司晨，大藏峰下是卧龙潭。朱熹末句“月满空山水满潭”表达理学家的自然观，有孔子“鸢飞鱼跃”的气概。（28 页）

13. 小九曲

题刻全文：小九曲

所在地：武夷山四曲溪金谷岩

集释：

【民国·崇安县新志】崖壁勒“小九曲”三字，为朱晦庵所书。（卷二十一·名胜·武夷山）

【黄胜科·朱熹与武夷山摩崖石刻 2004】朱熹在武夷山的题荆刻石不多，现存的仅“小九曲”、“茶灶”两处。据清《武夷山志》、民国《福建通志》载，在溪南灵岩（一线天）还有“灵岩”两字，但或已风化，或被苔藓覆盖，尚未发现。“小九曲”3 字刻于四曲溪北的金谷岩，横书 1 行，幅面 70×160 厘米，每字规格 37×33 厘米，距地高度 490 厘米。金谷岩前有洲石耸立溪中，峥嵘突兀，昂首斜向岩面平滑如削，形状特异，名试剑石。试剑石西，巨石罗列差互，清湍洄伏其中，曲流通幽，颇具溪山胜概，人称小九曲。

【武夷山摩崖石刻 2007】宋代题刻，镌于四曲溪北金谷岩，南向。幅面 70×160 厘米，每字 37×33 厘米，距水面高度 490 厘米。……历代《武夷山志》载为朱熹手书。岩前有洲石耸立溪中，峥嵘突兀，昂首斜向，形状特异，名试剑石。在试剑石西，巨石罗列差互，清湍汨付其中，曲流通幽，颇具溪山胜概，人称小九曲。（30 页）

14.《九曲棹歌·三曲》补刻

题刻全文：三曲君看架壑船，不知停棹几何年。桑田海水今如许，泡沫风灯敢自怜。甲戌年八月增。

所在地：武夷山三曲溪车钱岩

集释：

【武夷山摩崖石刻 2007】1994 年镌于三曲溪北车钱岩，南向。幅面200×140 厘米，大字 22×20 厘米，小字 12×10 厘米，距水面高度 900 厘米。……此为今人增镌朱熹《九曲棹歌·三曲》。诗中借三曲小藏峰的架壑船棺阐发自然与人事变迁的道理。（49 页）

按语：此武夷山景区管委会补刻，除了《九曲棹歌·三曲》原文之外，增加了“甲戌年八月增”六字。

15.《九曲棹歌·二曲》

题刻全文：二曲亭亭玉女峰，插花临水为谁容。道人不作阳台梦，兴入前山翠几重。

所在地：武夷山二曲溪勒马岩

集释：

【武夷山摩崖石刻 2007】镌于二曲溪南勒马岩，北向。幅面 135×115 厘米，每字 18×16 厘米，距地高度 310 厘米。（53 页）

按语：原石刻尚存，又补刻，见下条《九曲棹歌·二曲》补刻。

16.《九曲棹歌·二曲》补刻

题刻全文：二曲亭亭玉女峰，插花临水为谁容。道人不作阳台梦，兴入前山翠几重。甲戌年八月增。

所在地：武夷山二曲溪仙榜岩

集释：

【武夷山摩崖石刻 2007】1994 年镌于二曲溪东仙榜岩，西向。幅面140×120 厘米，大字 16×16 厘米，小字 12×9 厘米，距地高度 440 厘米。……此为今人增镌朱熹《九曲棹歌·二曲》。朱熹以诙谐笔调揶揄风流雅士，劝导他们深入领会山景真趣。（50 页）

按语：此武夷山景区管委会补刻，除了《九曲棹歌·二曲》原文之外，增加了“甲戌年八月增”六字。

17. 忠孝

题刻全文：忠孝

所在地：武夷山二曲溪勒马岩

集释：

【黄胜科·朱熹与武夷山摩崖石刻 2004】“忠孝”两字镌于二曲溪南的勒马岩、二曲棹歌东侧，横书，幅面 60×100 厘米，每字规格 50×40 厘米，距地高度 180 厘米。朱熹一贯认为这两字极其重要，曾连书“忠孝廉节”四字于岳麓书院和白鹿洞书院，又书“忠孝持家远，诗书处世长。”可见朱熹对这两字的重视程度。将这两字摩崖刻石，当然是希望他这一思想能代代相承、发扬光大。

【武夷山摩崖石刻 2007】朱熹手书，镌于二曲溪南勒马岩，北向。幅面 60×100 厘米，每字 50×40 厘米，距地高度 180 厘米。……朱熹一贯认为这二德极为重要，曾书“忠孝廉节”四字于岳麓书院和白鹿洞书院，又曾书联语“忠孝持家远，诗书处世长。”（53 页）

【杨文新·朱熹在福建的摩崖石刻研究 2010】南平武夷山，“忠孝”，现存。《历代碑刻史料汇编》和《武夷山志》未记。

按语：对于朱熹“忠孝廉节”墨迹，高令印认为朱四字最初是在湖南长沙岳麓书院写的。在福建南平也有，为木刻，南平的应该是从长沙摹拓而来的。“忠孝廉节”书写是刻的时间是孝宗乾道三年（公元 1167 年）八月至九月，朱熹到潭州访张栻期间。清人孙星衍、邢澍《环宇访碑录》中记载浙江钱塘岳王庙有“忠孝”二字，高令印怀疑可能是从上述“忠孝廉节”四字中截取出前两字而来的，但未见“忠孝”石刻，没有对照，不敢臆定。[①]

18.《九曲棹歌·一曲》

题刻全文：一曲溪边上钓船，幔亭峰影蘸晴川。虹桥一断无消息，万壑千岩锁翠烟。晦翁。

所在地：武夷山一曲溪北水光石

集释：

【武夷山摩崖石刻 2007】南宋淳熙年间镌于一曲溪北水光石，东向。幅面 130×100 厘米，大字 18×17 厘米，小字 14×13 厘米，距地高度 360 厘米。……刻文为朱熹《九曲棹歌·一曲》的诗句和手迹，是朱熹偕友同游武夷胜境写下的《九曲棹歌》之一，其中“风景”二字结集出版时改为“峰影”。诗句极写晴川的美好景致，表达自己对神仙传说的怀疑。（55 页）

19. 灵岩

题刻全文：灵岩，晦翁。

---

① 高令印：《朱熹事迹考》，上海：上海人民出版社，1987 年，242—243 页。

所在地：武夷山二曲溪

集释：

【清・乾隆・福建续志】“灵岩”，在揽石峰右灵岩石门上，朱子书。（卷七十四・古迹・石刻・建宁府・崇安县）

【清・冯登府・闽中金石志】“云岩”，在崇安揽石峰右，灵石门上，朱子书。《崇安县志》作“灵岩”，在武夷灵岩。（卷十二・宋七・云岩）

【清・陈棨仁・闽中金石略】“灵岩。晦翁。”在二曲。（卷八・宋六・武夷末人榜书七段・灵岩）

【民国・福建通志】“灵岩，晦翁。”《闽书》云：灵岩在揽石峰右，两岩相倚，穷崖削壁，长数百尺，其谺嵌处，因为室栖神谷口石门匾曰灵岩。朱文公笔也。中有脩罅，可以望天，名一线天。衍案，《福建续志》作“云岩”，误。（金石・卷十一・宋六・武夷山石刻）

【民国・崇安县新志】“灵岩”，在武夷灵岩，晦翁书。（卷三・地理・金石）

【武夷山摩崖石刻 2007】清董天工《武夷山志》及民国《福建通志》、《崇安县新志》均载，南宋淳熙年间镌于灵岩。……灵岩位于二曲溪南，岩麓有三洞并列：灵岩洞、风洞、伏羲洞；一线天贯穿三洞之顶，蔚为奇观。（193 页）

【杨文新・朱熹在福建的摩崖石刻研究 2010】南平武夷山，“灵岩，晦翁”，在二曲，《武夷山志》未记。

按语：民国《福建通志》记载说《福建续志》作“云岩”，所记有误，核查《福建续志》，实作“灵岩”。冯登府《闽中金石志》则作“云岩”。

20. **观复**

题刻全文：观复

所在地：武夷山五曲溪

集释：

【高令印・朱熹事迹考 1987】正书在五曲的有“茶灶”、“观复”。（203

页)

按语:“观”即看,“复”即一遍又一遍。老子《道德经》第十六章:“致虚极,守静笃,万物并作,吾以观复,夫物芸芸,各复归其根,归根曰静,静曰复命”。“观复”指世间万物只有静下心来一遍又一遍反复观察,才能认清它的本质。

21. 晞真馆

题刻全文:晞真馆

所在地:武夷山六曲溪

集释:

【清·乾隆·福建续志】“晞真馆”,在六曲溪北,又有子真书三小字。(卷七十四·古迹·石刻·建宁府·崇安县)

【清·冯登府·闽中金石志】“晞真馆”,《闽书》在武夷六曲溪,绍兴间,有渔人得此石巨浪中,旁题子真书,笔势甚奇。(卷十二·宋七·晞真馆)

【民国·崇安县新志】“晞真馆”,在武夷六曲,朱子真书三小字。(卷三·地理·金石)

【高令印·朱熹事迹考 1987】行书在六曲响声岩的有“逝者如斯”、“晞真馆”。(203 页)

22. 天心明月

题刻全文:天心明月

所在地:武夷山楼阁岩

集释:

【高令印·朱熹事迹考 1987】正书在楼阁岩的有“天心明月”、“方竹丛生”。(203 页)

【黄胜科·朱熹与武夷山摩崖石刻 2004】“天心明月”刻于二曲溪南的楼阁岩,竖书 1 行,幅面 230×50 厘米,每字规格 50×43 厘米,距地高度 540 厘米。朱熹以这四字启示人们理解“理一分殊”的哲理。正如他对“理一分殊”的通俗解释:一方面是一理摄万里,犹如天上一月散而为江河湖海之万月；一方面万理归于一理，犹散在江河湖海之万月，其本乃是天上之月。

【武夷山摩崖石刻 2007】镌于楼阁岩，东北向。幅面 230×42 厘米，每字 50×42 厘米，距地高度 540 厘米。……朱熹以“天心明月”启示人们理解“理一分殊”与“月印万川”的哲理。（134 页）

23. 方竹丛生

题刻全文：方竹丛生

所在地：武夷山楼阁岩

集释：

【高令印·朱熹事迹考 1987】正书在楼阁岩的有“天心明月”、“方竹丛生”。（203 页）

24. 刘岳卿等武夷山题名

题刻全文：刘岳卿、几叔招、胡希圣、朱仲晦、梁文叔、吴茂实、蔡季通、冯作肃、陈君谟、饶廷老、任伯起来游。淳熙辛丑七月二十三日。仲晦书。

所在地：武夷山水帘洞

集释：

【清·乾隆·福建通志】朱熹书诸贤刻石纪游，在武夷山丹霞嶂。（卷之六十三·古迹·石刻·水帘洞石刻）

【清·冯登府·闽中金石志】刘岳卿等武夷山题名，淳熙八年。“刘岳卿、几叔招、胡希圣、朱仲晦、梁文叔、吴茂实、蔡季通、冯作肃、陈君谟、饶廷老、任伯起来游。淳熙辛丑七月二十三日。仲晦书。”按茂实名英，绍兴进士，会任泉州路教授，作肃名允中，廷老名干，伯起名希夷，皆邵武人，并从朱子学。（卷九·宋四·刘岳卿等武夷山题名）

【民国·福建通志】在崇安，淳熙八年。“刘岳卿、几叔招、胡希圣、朱仲晦、梁文叔、吴茂实、蔡季通、冯作肃、陈君谟、饶廷老、任伯起来游。淳熙辛丑七月二十三日。仲晦书。”《冯志》云在水帘洞，朱子是年七月，除宣教郎直秘阁，辞，见年谱。作肃名允中，廷老名干，伯起名希夷，并邵武人。君谟疑即瞬申，瞬申字宋谟，曾主管武夷冲佑观。茂实名英，邵武人，绍兴进士，会任泉州路教授，皆从朱子游者。《道光通志》云任希夷淳熙二年进士，初授浦城主簿，从朱子学，朱子器之，曰开济士也，调萧山丞，迁知鄂州崇阳县。开禧初入主太常寺簿奏，绍熙以来礼书乞下本寺修撰从之，薨，赠少师，谥宣献。冯作肃，朱子名其斋曰见斋。绕廷老淳熙二年进士，授吉州吉水县尉，改潭州长沙县尉，适朱子为守，干从而受业。（金石・卷十・宋五・刘岳卿等武夷山题名）

【高令印・朱熹事迹考 1987】清人冯登府《闽中金石志》卷九载此后落款无“书”字。此即淳熙八年（公元一一八一年）七月。梁文叔名琭，吴茂实名英，冯作肃名允中，饶廷老名幹（按：应作“干”），任伯起名希夷，皆福建邵武人，朱熹门人。……此外，“《金石诂录》云：朱子诸贤刻石纪游，在武夷山丹霞峰”（民国《福建通志》金石卷九），待查找。（164 页）

【武夷山摩崖石刻 2007】清董天工《武夷山志》、民国《福建通志》载，南宋朱熹手书，淳熙八年（1181）镌于水帘洞壁。（193 页）

按语：题刻已佚。宋孝宗淳熙八年为公元 1181 年。冯登府《闽中金石志》卷九有“书”字。刘岳卿，名黼，崇安人，隐居武夷山水帘洞，常与朱子游。梁文叔，名琭，福建邵武人，朱熹弟子。吴茂实，名英，福建邵武人，朱熹弟子。冯作肃，名允中，福建邵武人，朱熹弟子。陈君谟，民国《福建通志》（金石卷一〇）疑即瞬申，字宋谟，曾主管武夷仲佑观。饶廷老，名干，福建邵武人，朱熹弟子。任伯起，名希夷，福建邵武人，朱熹弟子。

25. 幔亭

题刻全文：幔亭

所在地：武夷山幔亭峰

集释：

【清・乾隆・武夷山志】王明府梓云：幔亭之名最雅，乃又称为铁佛嶂何耶？半壁大书“幔亭”二字，传为文公遗迹。使人往视之，方广二丈许，垭帚成字。万历间，运同巴陵蔡宗宪书也。（卷七・一曲下）

【民国·崇安县新志】半壁勒“幔亭”二字，大约丈许，数里外可见之，明时邗江吴思学所书也。（卷二十一·名胜·武夷山）

【陈天霖·武夷山水 1980】山的半壁上镌有“幔亭”二字，为明吴思学所书。这幅巨大的摩崖石刻，作为幔亭峰的标志，远在数里之外，都看得清清楚楚。（25 页）

【高令印·朱熹事迹考 1987】“幔亭”二字为武夷山幔亭峰摩崖。幔亭峰在大王峰左边，好象一坐（按：应为“座”）巨大的翠屏。“幔亭”这幅巨大的摩崖，是幔亭峰的标志，远在数里之外都可以看到。……因“幔亭”石刻未有落款，是否为朱熹真迹历来说法不一。……今人陈天霖谓“为明吴思学所书”……因朱熹曾撰并书《幔亭记》，所以他有榜书“幔亭”是可能的。（203—204 页）

按语：“幔亭”二字为明吴思学所书非陈天霖首次提出，《崇安县新志》即已言明。

26.《幔亭记》

题刻全文：已佚

所在地：武夷山

集释：

【清·孙星衍、邢澍·环宇访碑录】《幔亭记》，朱子行书，无年月。福建崇安。（卷九·南宋）

【清·冯登府·闽中金石志】《访碑录》：朱子行书，在崇安。按《朱子文集》及《武夷志》俱无考。（卷十二·宋七·幔亭记）

【清·陈棨仁·闽中金石略】《幔亭记》在崇安。《访碑录》云：朱子行书，在崇安。《冯志》云：朱子行书。（转引自《朱熹事迹考》204 页）

【高令印·朱熹事迹考 1987】是刻已湮没无可寻。《幔亭记》石刻在何地？朱熹在武夷山九曲棹歌之一曲棹歌中，有谓“一曲溪边上钓船，幔亭峰影蘸晴川”句，可知《幔亭记》石刻在武夷山一曲。幔亭峰横欹在大王峰的左边，丹崖峻拔，苍松环簇，好象是一座巨大的翠屏。朱熹撰书《幔亭记》，

就是在叙述这里的迷人风光。(260 页)

按语：所引陈棨仁《闽中金石略》内容转引自高令印《朱熹事迹考》204页，该书说在“卷九《宋》六”，但未见此条。并且《闽中金石略》卷九为宋七，卷八为宋六。

27. 沧浪歌

题刻全文：沧浪歌

所在地：武夷山

集释：

【黄胜科·朱熹与武夷山摩崖石刻 2004】武夷山表达朱熹理学思想的题刻有“逝者如斯”、“天心明月”、“忠孝”以及已佚的“沧浪歌”等。

28.《崇安县学二公祠记》

题刻全文：崇安，建之岩邑，故宫师赵清献公尝为之宰，故侍讲胡文定公又其邑里人也。两公之德，后学仰之久矣，然数十年之间，为是邑者不知其几何人，无能表而出之，以化于邑者。乾道三年，今知县事温陵诸葛侯始至，则将葺新学校，以教其人，而深以两公之祠未立为己病，于是访求遗像，因新学而立祠焉。明年五月甲子讫功，命诸生皆入于学，躬率丞掾，与之释菜于先圣先师，而奠于两公之室。三献成礼，揖诸生而进之曰：“学则孔孟尚矣，然居是邦，语其风声气俗之近，则乡大夫、乡先生之贤者，岂可以不知其人哉！惟赵公孝弟慈祥，履绳蹈矩，为政有循良之绩，立朝著蹇谔之风，清节至行，为世标表，固诸公之所逮闻也。至于胡公闻道伊洛，志在《春秋》，著书立言，格君垂后，所以明天理，正人心，扶三纲，叙九法者，深切著明，体用该贯，而其正色危言，据经论事，刚大正直之气，亦无所愧于古人，则诸君岂尽知之乎！吾承乏于此，过不自料，常欲与诸君相励以圣贤之事。今幸因吾民之余力，校室以修，方将日与诸君者从容俯仰乎其间。顾念古昔圣贤远矣，则欲诸君自其近者而达之，是以象两公于此堂也，诸君自今以来，盖亦望其容貌而起肃敬之心，考其言行以激贪懦之志，然后精思熟讲，反之于心，以求至理之所在而折衷焉。庶几学明行尊，德久业大，果能达于圣贤之事，是则两公私淑后来之本意，而亦区区平日所望于诸君也。诸君岂有意乎?”诸生皆拜曰：“诸生不敏，敢不敬蚤夜以思，无辱先生之诲。”于是既退。而诸葛侯使人以是说走山间，属熹为之记。熹惟今之为政者，固已不遑于学校之事，其或及之，而不知所以教，则徒以禄利诱人，而纳之卑污浅陋之域，是乃贼之，而教于何有！今诸葛侯于兹邑，既新其学，而语之以圣贤之事，又能尊事两公，俾学者由是而达焉，则可谓知所以教矣，此其志岂特贤于今之为政者而已哉！既不得辞，乃具书其本末，以视同志，愿相与勉焉，以无负诸葛侯之教也。是月癸未新安朱熹记。

所在地：崇安

集释：

【清·孙星衍、邢澍·环宇访碑录】《崇安县学三公祠记》朱熹撰，八分书，乾道四年五月。福建崇安。(卷九·南宋)

【清·冯登府·闽中金石志】《崇安县学二公祠记》，乾道四年。《访碑录》，朱子撰，隶书，在崇安。(卷九·宋四·崇安县学二公祠记)

【民国·福建通志】《县学二公祠记》，在崇安，乾道四年。……《访碑录》云隶书。(金石·卷十·宋五·县学二公祠记)

【民国·崇安县新志】朱熹崇安县学二公祠记，在明伦堂，额篆书，碑八分书。(卷三·地理·金石)

【朱剑心·金石学 1940】朱熹有《崇安县学三公祠记》，八分书，乾道四年五月，福建崇安。(289 页)

按语：志书或云《崇安县学三公祠记》，或云《崇安县学二公祠记》，应为《崇安县学二公祠记》，祠记已明确指出二公为赵清献、胡文定。《环宇访碑录》云“八分书”，未直言“隶书”。“后学仰之久矣”《朱子全书》卷七十七误作“后学仰之旧矣”。

29.《少傅刘公神道碑》

题刻全文：宋故右朝议大夫充徽阁待制致仕彭城□□□□□□□□□赠少傅刘公神道碑铭。从朝请大夫权发遣南康军事兼管内勤农事借绯朱熹撰并书。承事郎充秘阁□□□□□□□□□□□□□□荆湖北路安抚司公事马步军都总管兼本路营田使赐紫金鱼袋张栻篆额。徽猷阁待制赠少傅彭城刘公既薨三十有三年，其嗣观文殿学士彭城刘侯珙以疾薨于建康府舍。疾革时，手为书，授其弟玶，使以属熹，若曰："珙不孝，先父之墓木大拱，而碑未克立，盖犹有待也。今家国之仇未报，而珙衔恨死矣。以是累子，何如?"熹发书，恸哭曰："呜呼！共父乃遽至此耶？且吾早失吾父，少傅公实收教之。共父之责乃吾责也。"即访其家，得公弟屏山先生所次行状，又得江陵张侯栻所为志铭，以作其事曰：公讳子羽，字彦修。其先自长安徙建州，今为崇安县五夫里人。曾大父赠朝议大夫太素，大父赠太子太保民先。皆以经学教授乡里，门徒至数百人，而皇考资政殿学士赠太师忠显公，遂以忠孝大节，杀身成仁，事载国史。公，其嗣子也，少以父任补将士郎。积劳，转宣教郎，权浙东安抚司，书写机宜文字，入主太府太仆簿，迁卫戍寺丞，辟河北、河东宣抚司，书写机宜文字，以功转朝请大夫，授直秘阁。建炎三年，擢秘阁修撰，知池州，改集英殿修撰，知秦州，未行，除御营使司参赞军事，辟川陕宣抚处置使司参议军事。四年，除徽猷阁待制。绍兴二年，领利州路经略使，兼知兴元府，除宝文阁直学士，封彭城县开国男，食邑三百户。四年，责授单州团练副使，白州安置。五年复官，提举江州太平观，复为集英殿修撰，知鄂州，权都督参议军事，宣谕川陕，逾年还报，复待制，知泉州。八年，落职，提举太平观，又责授单州团练副使，漳州安置。十年以赦得还。十一年，复故官，起为沿江安抚使，知镇江府。十二年，复待制，进爵子，益封二百户。是岁罢，复提举太平观，五年而薨。公天姿英毅，自少卓荦不群。年廿四五时，佐忠显公守越，以羸卒数百破睦寇方腊数十万人，卒全其城。复从守真定。会女真入寇，以大兵围其城。公设方略，登陴拒守数月，虏不能下而去。忠显公既以节死，公扶丧归葬，号天泣血，以必报仇耻自誓。免丧，造□，以书抵宰相，论天下兵势，当以秦陇为根本，于是有秦州之命，遂参御营军事。时叛将范琼拥强，兵据上流，召之不至，至又不肯释兵，且肆慢，言胁朝廷，反形寝露，中外汹汹。知枢密院事张忠献公与公密谋诛之。一日，为将遣张俊以千人渡江捕他盗者，使皆甲以听命，因召琼与俊及刘光世诣都堂计事，为设饮食。食已，诸公相顾未发。公坐庑下，恐琼觉事变，遽取黄纸，执之趋前，举以麾琼曰："下，有敕。将军可诣大理置对！"琼愕然，不知所为。公顾左右，拥至舆中，卫以俊兵，致之狱。使光世出抚其众。数琼在围城中附贼虏，迫胁二圣出狩状。且曰："所诛止琼耳！若等固天子自将之兵也。"众皆投刃曰："诺！"因悉麾隶他军，顷刻而定，琼竟伏诛。张公由是益奇公。及使川陕，遂请以行。至秦州立幕府，节度五路诸将，规以五年而后出师。明年，虏窥江淮急，张公念禁卫单弱，计所以分挠其兵势者，遂合五路之师以进。公以非本计，争之。张公曰："吾宁不知此？顾今东南之事方急，不得不为是耳。"遂北，至富平，与虏相遇，果不利。虏乘胜而前。宣抚司退保兴州，人情大震。官属有建策徙治夔州者。公叱之曰："孺子可斩也！四川全盛，虏欲入寇久矣，直以川口有铁山栈道之险，未敢遽窥。今不坚守，纵使深入，吾乃东走僻处夔峡，遂与关中血脉不复相通，进退失计，悔将何及？为今之计，且为留驻兴州，外系关中之望，内安全蜀之心，急遣官属出关，呼召诸将，收集散亡，分布险隘，坚壁固垒，观衅而动，庶几犹或可以补前愆，续后咎，奈何乃为此言乎！"张公然公言，而诸参佐无敢行者。公即自请奉命北出，复以单骑至秦州，分遣腹心，召诸亡将。诸将闻命大喜，悉以其众来会。公命骁将吴玠栅和尚原，守大散关，而分兵悉守诸险塞，虏谍知我有备，引去。明年，复聚兵来攻，再为玠所败，俘获万千，蜀土以安。宣抚司移军阆州，公请独留关外，调护诸将，以通内外声援，军民之心翕然向之。又明年，汉中大饥，诸帅闭境自守，因有违言，皆愿得公帅兴元与连兵。张公承制，可其请。公至镇，开关通商输粟，辑睦邻援，饬兵练卒，栅险待敌。会虏复入寇，将道金商以向四川。公以书谕金州经略使王彦，使伏强弩据险以邀之。彦习短兵，且屡平小盗，不以公言为意。虏猝至，逆战，果败，走保石泉。时吴玠为秦凤经略使，公闻彦失守，亟移兵守饶风岭。驰以语玠，玠大惊，即越境而东，一日夜驰三百里，中道少止，请公会西县计事。公报曰："虏旦夕至饶风下，不亟守此，是无蜀也。公不前，吾当往。今又西走，不知者谓我惧而逸尔，诸将得不解体乎？”玠得书，即复驰至饶风，列营拒守。虏人悉力仰攻，死伤如积，更募死士，由间道犯祖溪关以入，绕出玠后。玠遽走还汉中，且来邀公，欲与俱去，公不可，复留玠栅定军山以守。玠亦不可，公不得已，退守三泉，从兵不及三百人。与同粗粝，至取草牙木甲啖之，遣玠书与诀。玠持之泣下，欲驰赴公，未果，其爱将杨政者大呼军门曰：“公今不行，是负刘公，我辈亦且舍公去矣。”玠乃来会三泉。时虏游骑甚迫，玠夜不寐，起视公方甘寝自若，旁无警何者，遽起公，曰：“此何等时，而简易若是。”公慨然曰：“吾死命也，亦何言！”玠叹息泣下，竟不果留。公以潭毒山形斗拔，其上宽平，有泉水，乃筑垒守之，储粟十百余万，尽徙将士家属栅中，积石数十万石，下临走蜀道。数日，虏果至，营数十里间。一夕，候骑报：“虏且至！”诸将皆失色，急问计。公曰：“始与公等云何。今寇至，欲避邪？”下令蓐食，迟明上马。明日，公先至战地，前当山角，据胡床坐。诸将追及，泣请曰：“某辈乃效死耳，此非公所宜处也。”虏知不可攻，亦引退。自虏入梁洋，蜀中复大震，宣抚司官属争咎公，更为浮言相恐动，力请张公徙治潼川。令下，军士愤怒，或取其榜毁之。公连以书，力为张公言此：“已为死守，虏必不能越我而南，藉令不能守，我死，行未晚也。今一旦轻动如此，兵将忿怒，恐将有龉龁公坟墓者，公奈何？”张公大悟，立止不行。虏遣十余人持书与旗，来招公及吴玠。公斩之，余一人使还，曰：“为我语诸贼，欲来即来，吾止有死耳！何可招也？”因复与玠谋，出锐师腹背击之，未及期而虏已遁矣。盖方虏未至，公先已悉徙梁洋官私之积，置他所，虏深入无所得，而粮日匮，前后苦攻，死伤十五六，又闻公之将袭已也，惧，遂遁。公亟遣兵追击之，堕溪谷死者不可计，其余众不能自拔者，犹数十栅，皆降之。是时，虏大酋撒离喝兀术辈主兵用事，计必取蜀，以窥东南，其选募战攻，盖已不遗余力，而我之谋臣、战将，亦无敢为守计者，独公与张公协心戮力，毅然以身当冲，将士视公感激争奋，卒全蜀境，以蔽上流。寇退，又方相与定计，改纪军政以图再举，而张公已困于谗，公亦相次得罪，徙白州矣。始，吴玠为裨将，未知名。公独奇之，言于张公。张公与语，大悦，使尽护诸将，战数有功。至是，玠上疏请还所假节傅棨戟赎公罪，士大夫以是多玠之义，而服公之知人。既，张公入相，大议合兵为北伐，召公赴阙，使谕指西师，且察边备虚实。公还，奏虏未可图，宜益治兵，广营田，以俟机会。时又方议易置淮西大将，且以其兵属公，公复以为不可，遂以亲老丐便郡，得泉州以归。在郡逾年，治有异，既又大兴学教其人，而新之堂序庑略仿太学，至今为闽中诸郡之冠。僧可度者以赀结中贵人，属戚里陈氏诬奏，夺陈洪进守冢寺。公曰："此细事尔，然小人罔上如此，是乃履霜之渐不可长。"即疏其事以闻。戚竖辈皆抵罪，已而，淮西军果乱，张公去相。议者反谓公实使然，不责无以系叛将南归之望，于是再责。闻者嗤之，而公不自辩也。在镇江，会金虏复渝盟，公建议清野，尽徙淮东之人于京口，抚以威信，军民杂居，无敢相侵扰者。尝得盗，劾之，乃楚州守某者所为，前后攻劫不可计，悉具狱，弃之市。以其事闻，某者亦坐，远窜。于是境内贴然，道不拾遗。既而，虏骑久不至。枢密使张俊视江上，以问公，公曰："此虏异时入寇，飘忽如风雨，今更迟回，是必有他意。"居顷之，虏果以和为请。朝廷许之，虏使来，植大旗舟上，书曰"江南抚谕"。公见之，怒，夜以他旗易之。翌日，接伴使者见旗有异，大惧。诘之不得，至以语胁公。公曰：吾为守臣，朝论无所与，然欲揭此于吾州之境，则吾有死而已！"请不已境，出境乃还之。张俊还朝，上闻公治状及所料虏情，善之，亟诏复旧职，公以和好本非久远计，奏宜及闲暇时修城垒，除器械，备舟楫，以俟时变。权相秦桧专主和议，始以复职非己出，已不悦。至是，益加讽谏官论罢之。既归，遂不复起。士大夫有志为世者，莫不相与喟然，深为朝廷惜之。公生绍圣丁丑，终绍兴丙寅，挟丧归葬故里蟹坑祖茔之北。公元妃福国夫人熊氏，葬拱辰山忠显公墓左，屏山先生实表之。继室庆国夫人卓氏，公殁，持家廿余年，细大有法，内外斩斩。彭城侯虽熊出，然抚之厚而教之严，所以成就其德业者为多。遇族党亲疏，曲有恩意，薨荆南府舍，葬瓯宁县演平之原。公，子三人，彭城侯为长，尝以中□□人□□□□太上皇帝，以同知枢密院事参知政事事。今上皇帝夙望劳烈，对于前人当□□能及之。次瑺，承务郎，出后，公第秘阁，早卒。次玶，从事郎，亦以公命为屏山先生后。孙男二，学雅，承务郎；学裘，尚幼。女二，长适将仕郎吕钦，次幼未行。熹之先人晚从公游，相好也，不幸属疾，寓书以家事为寄，公恻然怜之，收教熹如子侄，故熹自幼得拜公左右，然已不及见公履戎开府时事，公又未尝以其功伐语人，独见其居家接人，孝友乐易，开心见诚，豁然无纤芥滞吝意，好贤乐善，轻财喜施，于姻亲旧故贫病困厄之际，尤孜孜焉。因窃从公门下士及一二故将，问公平生大节，又知其忘身殉国之忠，决机料敌之明，得将士心，人人乐为尽死。事皆伟然，虽古名将不能过。至其为政，爱民礼士，敦尚教化，摘奸发伏，不畏强御，又有古良吏风。及公既殁，然后得其议奏诸书□□□□□□□□□□时事。读之，又未尝不慨然抚卷废书而叹也。熹惟公家自忠显公以来，三世一心，以忠孝相传，事业皆可记，公所处尤艰且勤，绩效最著，不幸困于诬，不卒其志，而中世以没，然再安全蜀，以屏东南□□□□□□□□□□之碎独不时立，漫无文字以昭后世。是则，岂为彭城侯九泉之恨。凡我后死与有责焉！于是既悉论其次，又泣而为之铭，以卒承彭城侯之遗命。其铭曰：天警皇德，曰陂其平。复畀材杰，俾扶厥倾。薄言试之，于越于镇。卒事于西，亦危乃定。始却于秦，逼仄飘摇。一士之得，厥猷以昭。再厥于梁，莫相予死。亦障其冲，校绩逾伟。岷嶓既奠，江汉滔滔。尔知于佚，我司其劳。曾是弗图，谗口嗷嗷。载北载南，倏贬其褒。日和匪同，识微虑远。岂不谆谆，卒莫予展。我林我泉，我寄不浅。暮年壮心，有逝无返。唯忠唯孝，自我先公。勉哉嗣贤，克咸厥功。岂不咸之，又毁于成。诗劝来者，永其休声。淳熙六年冬十月乙酉建所在地。

所在地：崇安五夫里蜈蚣山蟹坑

集释：

【杨震方·碑帖叙录 1982】刘子羽神道碑，宋淳熙六年（一一七九年）刻。朱熹撰并书。楷书。四十六行，行八十四字。张栻篆额，二十一字，作七行。碑在福建崇安。石为风霜所侵蚀，剥裂数片，缺损十之二、三，其存者则锋芒犹新。因拓本罕见，人多不知，椎拓者少，得不损坏。

【高令印·朱熹事迹考 1987】刘子羽死后，朱熹为其撰并书《少傅刘公神道碑》。八百年来，此碑一直竖立在五夫里东三里之蜈蚣山下蟹坑刘子羽墓前。现在，此碑相当完好。它高三点七米，宽一点五米，仅有局部裂缝、破迹和磨损，碑石周围的花边和碑内的字迹绝大部分清晰可见。落款是“朱熹撰并书，张栻篆额”。全文共三千七百二十五字。此文载于《朱文公文集》卷八八。此碑字体端庄，笔画遒劲挺拔，可谓朱熹书法的代表作。……刘子羽死后三十二年，即孝宗淳熙五年（公元一一七八年），朱熹应刘子羽之子刘珙、刘玶之请撰并书《少傅刘公神道碑》。朱熹是年四十九岁。……八月朱熹被朝廷任命为知南康军（治所在今江西星子）。……次年三月他到南康军就任。因此，此碑应是朱熹写于淳熙五年（公元一一七八年）九月前后，次年刻石。……碑文和载入《朱文公文集》卷八八（题曰《少傅刘公神道碑》此文有很大的不同。)（261 页）

按语：《少傅刘公神道碑》一文见《朱子全书》卷八十八，与现存碑文内容有差别。

30.《建宁府崇安县五夫社仓记》

题刻全文：乾道戊子，春夏之交，建人大饥。予居崇安之开耀乡，知县事诸葛侯延瑞以书来，属予及其乡之耆艾左朝奉郎刘侯如愚，曰：“民饥矣，盍为劝豪民发藏粟，下其直以振之?”刘侯与予奉书从事，里人方幸以不饥。俄而盗发浦城，距境不二十里，人情大震，藏粟亦且竭。刘侯与予忧之，不知所出，则以书请于县于府。时敷文阁待制信安徐公嘉知府事，即日命有司以船粟六百斛泝溪以来，刘侯与予率乡人行四十里，受之黄亭步下。归，籍民口大小仰食者若干人，以率受粟，民得遂无饥乱以死，无不悦喜欢呼，声动旁邑，于是浦城之盗无复随和而束手就擒矣。及秋，徐公奉祠以去，而直敷文阁东阳王公淮继之。是冬有年，民愿以粟偿官贮，里中民家将辇载以归有司，而王公曰：“岁有凶穰，不可前科。后或艰食，得无复有前日之劳，其留里中而上其籍于府。”刘侯与予既奉教，及明年夏，又请于府曰：“山谷细民无盖藏之积，新陈未接，虽乐岁不免出倍称之息贷食豪右，而官粟积于无用之地，后将红腐不复可食。愿自今以来，岁一敛散，既以纾民之急，又得易新以藏，俾愿贷者出息什二，又可以抑侥幸、广储蓄。即不欲者，勿强。岁或不幸，小饥则弛半息，大侵则尽蠲之，于以惠活鳏寡，塞祸乱原，甚大惠也。请著为例。”王公报皆施行如章。既而王公又去，直龙图阁仪真沈公度继之，刘侯与予又请曰：“粟分贮民家，于守视出纳不便，请放古法。为社仓以储之。不过出捐一岁之息，宜可办。”沈公从之，且命以钱六万助其役。于是得籍坂黄氏废地，而鸠工度材焉。经始于七年五月，而成于八月。为仓三，亭一，门墙、守舍，无一不具。司会计董工役者贡士刘复、刘得舆、里人刘瑞也。既成，而刘侯之官江西莫府，予又请曰：“复与得舆皆有力于是仓，而刘侯之子将仕郎琦尝佐其父于此，其族子右修职郎玶亦廉平有谋，请得与并力。”府以予言悉具书礼请焉，四人者遂皆就事。方且相与讲求仓之利病，具为条约，会丞相清源公出镇兹土，入境问俗，予与诸君因得具以所为条约者迎白于公。公以为便，则为出教，俾归揭之楣间，以视来者。于是仓之庶事，细大有程，可久而不坏矣。予惟成周之制，县都皆有委积，以待凶荒。而隋唐所谓社仓者，亦近古之良法也。今皆废矣，独常平义仓，尚有古法之遗意，然皆藏于州县，所恩不过市井惰游辈，至于深山长谷，力穑远轮之民，则虽饥饿濒死，而不能及也。又其为法太密，使吏之避事畏法者，视民之殍而不肯发，往往全其封鐍，递相付授，至或累数十年不一訾省。一旦甚不获已，然后发之，则已化为浮埃聚壤，而不可食矣。夫以国家爱民之深，其虑岂不及此？然而未之有改者，岂不以里社不能皆有可任之人，欲一听其所为，则惧其计私以害公；欲谨其出入，同于官府，则钩校靡密，上下相遁，其害又必有甚于前所云者，是以难之而有弗暇耳。今幸数公相继，其爱民虑远之心，皆出乎法令之外，又皆不鄙吾人以为不足任，故吾人得以及是。数年之间，左提右挈，上说下教，遂能为乡闾立此无穷之计，是岂吾力之独能哉！惟后之君子，视其所遭之不易者如此，无计私害公，以取疑于上，而上之人亦毋以小文拘之，书其本末如此，刻之石，以告后之君子云。淳熙甲午夏五月丙戌新安朱熹记。

所在地：崇安五夫里

集释：

【民国·福建通志】《建宁府崇安县五夫社仓记》，淳熙元年。（金石·卷十·宋五·建宁府崇安县五夫社仓记）

按语：高令印《朱熹事迹考》一书中标题只说“社仓记”，事实上社仓记有《建宁府崇安县五夫社仓记》和《邵武郡光泽县社仓记》两篇。《建宁府崇安县五夫社仓记》一文见《朱子全书》卷七十七。

31.《建宁府崇安县学田记》

题刻全文：崇安县故有学而无田，遭大夫之贤而有意于教事者，乃能缩取他费之赢，以供养士之费。其或有故而不能继，则诸生无所仰食而往往散去。以是殿堂倾圮，斋馆芜废，率常更十数年乃一闻弦诵之声，然又不一二岁辄复罢去。淳熙七年，今知县事赵侯始至而有志焉，既葺其官庐之废坏而一新之，则又图所以为饮食久远之计者，而未知所出也。一日，视境内浮屠之籍，其绝不计者凡五，曰中山，曰白云，曰凤林，曰圣历，曰暨历，而其田不耕者，以亩计凡若干，乃喟然而叹曰：“吾知所以处之矣。”于是悉取而归之于学，盖岁入租米二百二十斛，而士之肄业焉者，得以优游卒岁而无乏绝之虑。既而学之群士十余人相与走予所居之山间，请文以记其事，曰：“不则惧夫后之君子莫知其所始，而或至于废坏也。”予惟三代盛时，自家以达于天子诸侯之国，莫不有学，而自天子之元子以至于士庶人之子，莫不入焉。则其士之廪于学官者，宜数十倍于今日。而考之礼典，未有言其费出之所自者，岂当时为士者，其家各已受田，而其入学也有时，故得以自食其食，而不仰给于县官也欤？至汉元、成间，乃谓孔子布衣养徒三千，而增学官弟子至不复限以员数。其后遂以用度不足，无以给之，而至于罢。夫谓三千人者聚而食于孔子之家则已妄矣，然养士之需，至以天下之力奉之而不足，则亦岂可不谓难哉？盖自周衰，田不井授，人无常产，而为士者尤厄于贫，反不得与为农工商者齿，上之人乃欲聚而教之，则彼又安能终岁裹饭而学于我？是以其费虽多，而或取之经常之外，势固有所不得已也。况今浮屠氏之说乱君臣之礼，绝父子之亲，谣诬鄙诈，以驱诱一世之人，而纳之于禽兽之域，固先王之法之所必诛而不以听者也。顾乃肆然蔓衍于中国，丰屋连甍，良畴接畛，以安且饱，而莫之或禁。是虽尽逐其人，夺其所据，而悉归之学，使吾徒之学为忠孝者，得以无营于外而益进其业，犹恐未足以胜其邪说，况其荒坠芜绝，偶自至此，又欲封植而永久之乎？赵侯取之，可谓务一而两得矣。故特为之记其本末，与其指意所出者如此，以示后之君子，且以警夫学之诸生，使益用力乎予之所谓忠且孝者。职其事者，又当谨其出内于簿书之外，而无龠合之私焉，则庶其无负乎赵侯之教矣。赵侯名某，材甚高，听讼理财，皆办其课，又有余力以及此，诸使者方上其治行于朝云。十一年春正月庚戌具位朱熹记。

所在地：崇安

集释：

【民国·崇安县新志】朱熹学田记，在明伦堂，真书。（卷三·地理·金石）

【高令印·朱熹事迹考 1987】孝宗淳熙十一年（公元一一八四年）一月，朱熹为崇安县学专并书学田记，曰《建宁府崇安县学田记》，后刻于崇安明伦堂。其文载入《朱文公文集》卷七九《记》中。……此记碑刻是否存在，不得而知。（251 页）

按语：《建宁府崇安县学田记》一文见《朱子全书》卷七十九，现有石刻拓片。

32.《跋李侍郎武夷诗》

题刻全文：观妙堂东楹李公侍郎遗墨，语意清婉，字画遒劲。每至其下，则讽玩不能去。然岁久剥裂，又适当施供帐处，后十数年当不复可读矣。别为摹刻，授道士使陷置壁间，庶几来者得以想见前辈风度。李公讳弥逊，时以力抗和议，出守临漳云。庆元乙卯正月甲寅，朱熹书。

所在地：崇安明伦堂

集释：

【清・冯登府・闽中金石志】观妙堂李弥逊诗刻，庆元元年。（卷九・宋四・观妙堂李弥逊诗刻）

【清・陈棨仁・闽中金石略】案，李弥逊字似之，连江人，官敷文阁待制，谥忠肃。（卷八・宋六・赵端礼宝华岩题名）

【民国・福建通志】观妙堂李弥逊诗刻，在崇安，庆元元年。……《冯志》云在武夷山。衍案，李诗原刻未详年月，今照重刻年月编次。（金石・卷十一・宋六・观妙堂李弥逊诗刻）

【高令印・朱熹事迹考 1987】"乙卯"为宁宗庆元元年（公元一一九五年），朱熹六十六岁，此为其晚年墨迹。是刻在福建崇安武夷山。朱熹谓李弥逊"力抗和议，出守临漳"，是指他以"和议迕秦桧，以徽猷学士出知端州，改知漳州。"（253 页）

按语：该文见于《朱子全书》卷八十三，名为《跋李侍郎武夷诗》。乙卯为宁宗庆元元年（公元 1195 年），朱熹 66 岁。李弥逊诗名《宿观妙堂诗》，全名为《宿观妙堂遇雨，既度复回，一日竟游九曲而行，赋诗二首》。诗云："人间何地寄蓑翁，偶到仙山一苇中。可是仙居谢逋客，船头无处避刚风。溪口回舟未忍移，净坊听雨坐题诗。余龄倘有寻真路，试与披云问凤儿。"李弥逊（公元 1090—1153 年），字似之，吴县（今苏州）人，北宋大观三年（公元 1109 年）进士。宣和末年（公元 1125 年），他在担任冀州知州时，金兵南下，势如破竹。他召集义勇，修筑城池，率领军民，力抗金兵，立下战功。他和李纲的政治主张一致，是志同道合的好朋友。由于他上封事直言朝政，由京官被贬在外近 20 年。绍兴七年（公元 1137 年）被召回京，任中书舍人，仍鲠切如初，针对时弊又上疏论六事。诸如"固藩维以御外侮，严禁卫以尊朝廷，练兵以壮国势，节用以备军食，收民心以固根本，择守帅以责实效"（《宋史・李弥逊传》）等，其出发点均出于其力主抗金的拳拳爱国之心。绍兴八年（公元 1138 年），李弥逊任户部侍郎。这时，卖国贼秦桧再次被任命为宰相。李弥逊与胡铨、范如圭等因坚决反对议和，触怒了秦桧，被贬为漳州知府。次年，在途经武夷时，留下了上述的诗篇。

33. 书刘子翚诗

题刻全文：煌煌海棠洲，锦树临清湾。常恨湾头风，吹花走潺湲。潺湲去不息，花亦无由还。（《潭溪十咏·海棠洲》）

茅檐入竹低，旷野时寓目。寂寂农家春，新秧满田绿。何时稻登场，秋山响蓬朴。（《潭溪十咏·怀新亭》）

青青槭树林，下荫苍藓石。幽人宴坐时，怀抱忘其适。不见暮樵归，寒山雨中碧。（《潭溪十咏·宴坐岩》）

聊为溪上游，一步一回顾。悠悠出山水，浩浩无停注。惟有旧溪声，万古流不去。（《潭溪十咏·南溪》）

木奴困新移，憔悴雪霜侵。呼童翦其颠，割爱虑已深。会待春气回，青枝补故林。（《潭溪十咏·桔林》）

藤萝拨不开，石窦一镜明。携瓢酌清甘，漻然莹心神。我病不能酌，时来听泠泠。（《潭溪十咏·醒心泉》）

吾庐犹未完，作意创此堂。悠然见南山，高风邈相望。宾至聊共娱，无宾自徜徉。（《潭溪十咏·悠然堂》）

春林绕舍青，门馆终日静。吾心乐有余，所寓皆胜境。更凿庭下池，溶溶浸山影。（《潭溪十咏·山馆》）

北窗何所见，疏竹杂遥岑。凉飙思有无，虚檐动萧森。此兴何由尽，移床入翠阴。（《潭溪十咏·凉阴轩》）

莲池一亩余，瀰瀰吞众流。花繁不近堤，欲往无方舟。不及池中鱼，随波自沈浮。（《潭溪十咏·莲池》）

岚光近却无，一径缘崖断。危亭势欲飞，翠石云中乱。小山閟清游，怀人发长叹。（《续赋家园七咏·万石亭》）

秋山万尺青，影落杯酒中。登临岂不佳，寒色见远空。未忘天下忧，胡尘起西风。（《续赋家园七咏·横秋阁》）

森沈径易迷，掮筇为徘徊。何处春光多，时登百花台。主人澹无情，林花为谁开。（《续赋家园七咏·百花台》）

山中多桂树，亭亭傍幽岩。微风发秋香，十里穿松杉。谁歌招隐词，吾生付长鑱。（《续赋家园七咏·桂岩》）

不爱酴醾花，爱此酴醾树。青条含露滋，轻阴覆行路。昼永倦寻书，时来散幽步。（《续赋家园七咏·酴醾洞》）

雨余陂水平，徙倚聊一望。归云淡欲无，宇宙何清旷。吾心游太虚，聊寄此亭上。（《续赋家园七咏·意远亭》）

南溪抱山流，润气滋林麓。平生归欤心，寄老一堂足。梦破午窗阴，清风在寒竹。（《续赋家园七咏·早赋堂》）

所在地：崇安五夫里屏山

集释：

【清·乾隆·福建续志】屏山诗刻，《闽书》宋刘子翚有屏山十七景诗，朱子为书刻石。（卷七十四·古迹·石刻·建宁府·崇安县）

【清·冯登府·闽中金石志】《闽书》：宋刘子翚有屏山十七景诗，朱子为书刻潭溪石上，在崇安。《通志》曰：刘子翚宅在屏山下，中有六经堂，又家园有骚赋堂、横秋阁、凉阴轩、山馆，有万石亭、易远亭、怀新亭、百花台、酴醾洞、海棠州、莲池、桔林、桂岩、宴坐岩、醒心泉、南溪，凡十七景，子翚各赋一诗，朱子书刻于石上。按彦仲曾除兴化军通，辞归武夷，学者多从之，号屏山先生，见《郝志》。（卷十二·宋七·屏山诗刻）

【民国·崇安县新志】子翚自莆田倅乞归居。此中有十七景，子翚各赋诗，朱熹为书刻于石。《悠然堂》……《海棠洲》……《醒心灵》……《怀新亭》……《宴坐岩》……《山馆》……《凉阴轩》……《桔林》……《莲池》……《南溪》……《早赋堂》……《横秋阁》……《翠石》……《百花台》……《酴醾洞》……《易远亭》……《复斋铭》……《蒙斋记》……。（卷三·地理·第宅）

【高令印·朱熹事迹考 1987】据记载，在福建崇安五夫里屏山下原刘子翚宅壁等处，有朱熹手书诗刻十七首。现在，石刻均未见。清朱玉编《朱子文集大全类编》第八册卷二一《墨迹》谓“刻在潭溪上”。……《屏山全集》

卷十二载《潭溪十咏》，还有《醒心泉》、《怀新亭》、《晏作岩》、《山馆》、《凉阴轩》、《橘林》、《莲池》、《南溪》。所谓十七首，是十景诗之外再加《复斋铭》、《蒙斋铭》等七首。由此以为五夫里潭溪有十七景，误矣！实仅十景。(269页)

【武夷山摩崖石刻2007】民国《福建通志》载《闽书》云：宋刘子翚有屏山十七景诗，朱子为书刻潭溪石上。(192页)

按语：刘子翚十七景诗各书所记名称有异，但《复斋铭》《蒙斋记》应不属于十七景诗，十七景诗应是指《潭溪十咏》和《续赋家园七咏》。《闽中金石志》"早赋堂"作"骚赋堂"。民国《崇安县新志》卷三地理金石记"朱熹书刘子翚宅七十首诗"，将"十七首"误作"七十首"。

34. 书刘屏山《复斋铭》

题刻全文：大《易》之旨，微妙难诠，善学《易》者，以复为先。惟人之生，咸具是性，喜怒哀乐，或失其正。视而知复，匪蚀其明；听而知复，匪流于声；言而知复，匪易匪轻；动而知复，惟吝不生。惟是四者，本焉则一，孰觉而存，孰迷而失，勿谓本有，劳思内弛，亦勿谓无，悠然弗恩。廓尔贯通，心冥取舍，既复其初，无复之者。坦坦荡荡，周流六虚，昔非不足，今非有余。伊颜氏子，口不言易，庶几之功，默臻其极。今我仰止，以名斯斋，念兹在兹，其敢怠哉！

所在地：崇安五夫里

集释：

【民国·崇安县新志】《复斋铭》云："大《易》之旨，微妙难诠，善学《易》者，以复为先。惟人之生，咸具是性，喜怒哀乐，或失其正。视而知复，匪蚀其明；听而知复，匪流于声；言而知复，匪易匪轻；动而知复，惟吝不生。惟是四者，本焉则一，孰觉而存，孰迷而失，勿谓本有，劳思内弛，亦勿谓无，悠然弗恩。廓尔贯通，心冥取舍，既复其初，无复之者。坦坦荡荡，周流六虚，昔非不足，今非有余。伊颜氏子，口不言易，庶几之功，默臻其极。今我仰止，以名斯斋，念兹在兹，其敢怠哉！"(卷三·地理·第宅)

【高令印·朱熹事迹考 1987】朱熹曾书刻刘屏山《复斋铭》。……是铭文《屏山文集》不录。诸本方志所载，甚有差异。（288 页）

35. **爱莲诗**

题刻全文：闻道移根玉井旁，开花十丈是寻常。月明露冷无人见，独为先生引兴长。末句楷周敦颐撰《爱莲说》。晦翁《爱莲诗》。

所在地：武夷山莲花峰景区

集释：

【武夷山摩崖石刻 2007】1999 年撷朱熹《爱莲诗》并集朱熹字镌于莲花峰登山路旁岩壁，东南向。幅面 300×250 厘米，大字 30×20 厘米，小字 15×12 厘米，距地高度 695 厘米。……这首《爱莲诗》是少年朱熹在崇安县五夫里时撰写的。朱熹面对着居所紫阳楼前清波涟漪的十里荷池，对理学祖师周敦颐的仰慕之情更甚，因此写下这首《爱莲诗》。他把莲华说成移植于佛国玉井旁的圣花，说明理学内涵融有佛学成分。（174 页）

36. **白岩仙舟**

题刻全文：白岩仙舟

所在地：武夷山莲花峰景区

集释：

【武夷山摩崖石刻 2007】1999 年集朱熹墨宝镌于白岩岩腰，西北向。幅面 600×1700 厘米，每字 460×380 厘米，距地高度 2700 厘米。……仙舟，即架壑船棺，是武夷山土著先民葬俗的遗迹。朱熹在《武夷山图序》中有精辟的论述：武夷山“两崖绝壁人迹所不到处，往往有枯杈插石罅间，以度舟船棺柩之属。颇疑前世道阻未通、川壅谓决之时，夷落所居，而汉祀者即其君长。盖亦避世之士，为众所臣服，而传以为仙也。”（172 页）

（二）南平市

1. **溪山第一**

题刻全文：溪山第一

所在地：南平福星桥

集释：

【清·同治·南平县志】朱子题字……今流传有石刻四字“溪山第一”匾，在县西北福星桥上。今佚。（卷九·古迹）

【清·孙星衍、邢澍·环宇访碑记】“溪山第一”四大字，朱子行书，无年月，嘉靖间重摹，广东海阳。（卷九·南宋）

【民国·南平县志】“溪山第一”匾，在县西北，福星桥上，今失。（卷四·名胜志第六）

【程楷·朱熹题“溪山第一”辨析 2011】民国《南平县志·杂录传》收录朱子途中校订袁枢《参同契》书后题跋……这篇题跋准确记载朱子于庆元三年八月七日（1197 年 9 月 20 日）自延平经筼筜铺的日期，说明朱子题福星桥的“溪山第一”匾应在此前逗留宝云山庵时所为。至此，朱子于庆元三年三月至八月前后半年行踪路线可基本理清：建阳考亭出发——古田——宁德——长溪（霞浦、福鼎）——永嘉——罗源——连江——福州——长乐——福清——福州——闽清——延平——顺昌，然后去泰宁。各县获题“溪山第一”的时间先后可参考这一路线。……朱子所到之处有求必应，有的题字地点并不具备“溪山第一”的胜迹，朱子看重的是“溪山”，而不在乎题在哪里。……“溪山第一”半年里重复五次，这与学富五车、诗存千余的哲人朱子为文有反差，简单重复不是朱子常态风格，那么是否与他步履匆匆或心情欠佳、思绪繁杂有关呢？……他没有理由不为炎凉世态和自己的遭际发出“鼎鼎百年能几时，灵芝三秀欲何为”的感叹，没理由不为“郁郁层峦夹岸青”的“青山绿水去无声”书写一条“深涵太极理”的通俗注解，这就是他发自内心的由衷赞叹：“溪山第一”。

按语：志书记载福建境内多处有“溪山第一”匾额和题刻。高令印认为“溪山第一”大概朱熹是乾道七年（公元 1171 年）回尤溪时书写的。[①] 程楷总结“溪山第一”的匾额和题刻有七处：（一）南平：“‘溪山第一’匾，在县

---

① 高令印：《朱熹事迹考》，上海：上海人民出版社，1987 年，174 页。

西北复兴桥上，今失。”（二）尤溪：“县城南门外‘文明桥’朱熹亲书‘溪山第一’四字，立匾挂在桥屋上。”虹桥晓月，系文明桥与玉溪桥合称，为尤溪十景之一。（三）古田：“朱熹字仲晦，新安人。庆元间，韩侂胄禁伪学，逆寓古田。宗室诸进士与其门人构书院，延而讲学。所寄寓附县治者，匾其亭曰‘溪山第一。’”（四）闽清：“在闽清县十五都广济岩寺，岩石玲珑，林木葱郁，下有龙潭梅坞。朱文公书‘溪山’第一四字，勒于石碑，又书‘振衣’二字于石上。”（五）长乐：“民国《长乐县志》卷首之‘屏障铺霞’图说云，朱熹曾游县治东南三十里外的（八都）屏山，山有石如豸，名豸峰，叹之胜概，勒石‘溪山第一’四字，后人建紫阳阁于山中。”（六）福清：“庆元三年，朱熹避地福清，寓灵石寺，题有‘苍霞亭’三字，且作《游灵山》诗。朱熹还到过光贤里、南日里等地。光贤里有草堂山，在县西南六十里，（朱熹）…读书讲学于此。并题字于锦亭峰，其碑有记。清源里：朱熹题‘溪山第一’。”（七）漳州：龙文区云岩洞“霞窝”东壁高处崖刻“溪山第一朱熹书，明丰熙《鹤峰云洞游记》定为朱熹所题，《福建通志·金石志》著名”。他也认为尤溪当为朱子最先题“溪山第一桥”之地。①

2.《题西林院壁二首》

题刻全文：触目风光不易裁，此间何似舞雩台。病躯若得长无事，春服成时岁一来。

巾屦翛然一钵囊，何妨且住赞公房。却嫌宴坐观心处，不奈檐花抵死香。

所在地：南平西林寺

集释：

【民国·南平县志】庐峰庵，旧名西林寺，在峡阳沼溪芦峰滩之左。宋绍兴二年建。庵内有朱子楷书“道脉心传”四字额，尚存。有《七言绝句》一首，载入《艺文》。（卷四·名胜）

【民国·南平县志】朱文公《题西林院壁》：“触目风光不易裁，此间何似舞雩台；病躯若得长无事，春服成时岁一来。”“巾屦翛然一钵囊，何妨且住

---

① 程楷：《朱熹题“溪山第一”辨析》，《福建史志》2011年，第4期。

赞公房；却嫌宴坐观心处，不奈檐花抵死香。”（卷三〇·艺文）

【高令印·朱熹事迹考 1987】因西林寺已无影迹，此二诗刻也无从查考。（270 页）

按语：《题西林院壁二首》见《朱子全书》卷二。

3. 溪山一览

题刻全文：溪山一览

所在地：南平延平区

集释：

【清·乾隆·福建通志】朱熹书，在府城内，又有汲古井扁，在建阳考亭，亦朱子所书。（卷之六十三·古迹·石刻·建宁府·溪山一览扁）

【清·冯登府·闽中金石志】“溪山一览”，朱子书在延平府城内。又有汲古井扁，在建阳考亭，亦朱子书。（卷十二·宋七·溪山一览）

【民国·福建通志】“溪山一览”，《冯志》云：朱子书在延平府城内。（金石·卷十一·宋六·延平朱子书）

（三）建阳区

1. 战龙松

题刻全文：战龙松

所在地：建阳莒口云谷

集释：

【民国·建阳县志】“战龙松”石刻，在崇泰里云谷山崖。朱子书。（卷九·金石）

【高令印·朱熹事迹考 1987】此与大轮山“战龙松”不知孰为真迹，或者皆为真迹。（182 页）

按语：大轮山亦有“战龙松”石刻。

2. 南涧

题刻全文：南涧

所在地：建阳云谷

集释：

【民国·建阳县志】“南涧”字石刻，在崇泰里云谷山崖。朱子书。（卷九·金石）

3. **容膝**

题刻全文：容膝

所在地：建阳云谷

集释：

【明·王佐·新增格古要论】“容膝”及“天光云影”，朱子书于云谷。（卷三·新增各处碑帖·福建）

【清·黄锡蕃·闽中书画录】“容膝”二字，“天光云影”四字，在云谷。（卷一五·流寓）

按语：“容膝”意为仅容两膝，形容居室狭小。陶渊明《归去来兮辞》：“倚南窗以寄傲，审容膝之易安。”“容膝”石刻，长67厘米，宽34厘米，是朱熹为古城正定“阳和楼”题写的，这方石刻原嵌于楼上正中央。阳和楼位于正定南大街中段，始建于南宋，形似北京天安门端门。楼基高约三丈，宽约两丈，长约十五丈。遇有风搅雨，风能从门洞一头把雨刮到另一头，故有“遮不了风，避不了雨”之说。“容膝”两字朱熹既点破了阳和楼的风雨，也包含了自身对时事的无奈。但朱熹何时、因何题写“容膝”两字，至今不得而知。阳和楼于二十世纪六十年代被拆毁无存，石刻却转藏在了正定县大佛寺弥陀殿内，为避免棰拓毁损，二十世纪八十年代后期也对该石采取了保护措施。

4. **天光云影**

题刻全文：天光云影

所在地：建阳云谷

集释：

【明·王佐·新增格古要论】“容膝”及“天光云影”，朱子书于云谷。

（卷三·新增各处碑帖·福建）

【清·冯登府·闽中金石志】《格古要论》："天光云影"，朱子书于云谷。（卷十一·宋六·天光云影）

【清·黄锡蕃·闽中书画录】"容膝"二字，"天光云影"四字，在云谷。（卷一五·流寓）

5. **汲古**

题刻全文：汲古，嘉熙。

所在地：建阳考亭书院

集释：

【清·乾隆·福建通志】朱熹书，在府城内，又有汲古井扁，在建阳考亭，亦朱子所书。（卷之六十三·古迹·石刻·建宁府·溪山一览扁）

【清·冯登府·闽中金石志】建宁府汲古井在考亭书院内，朱熹题井阑上有"嘉熙"二字。（卷十二·宋七·朱子井阑题字）

【民国·建阳县志】汲古井石刻在考亭书院内，朱子题其阑曰"汲古"，昔人尤见嘉熙二字。

【民国·福建通志】"嘉熙"。《冯志》云：汲古井在考亭书院内，朱子题井阑上有"嘉熙"二字。（金石·卷十一·宋六·汲古井阑题字）

【高令印·朱熹事迹考 1987】"嘉熙"为宋理宗年号，时间为公元 1237—1240 年，为朱熹死后三、四十年。或为嘉熙年间刻石。（219 页）

按语：乾隆《福建通志》云"又有汲古井扁"，题名似应为"汲古井"，它书则记"汲古"。此外，"汲古"与"嘉熙"有可能是不同的两个题刻，彼此无关。"汲古"意为钻研或古籍、古物，从中汲取知识。

6. **《易·系辞》**

题刻全文：太极图。易有大极，是生两仪，两仪生四象，四象生八卦，八卦定吉凶，吉凶生大业。古者伏羲氏之王天下也，仰观象于天，俯则观法于地，观鸟兽之文与天地之宜。于是始作八卦，以通神明之德，类万物之情。天地定位，山泽通气，雷风相薄，水火不相射。八卦数相错，往者顺，知来者逆，是故易逆数也。蔡元定刻。

所在地：建阳

集释：

【明·王佐·新增格古要论】易系卦说辞，朱子书，自“易有太极，是生两仪，两仪生四象，四象生八卦”，“是故易逆数也”，末有“朱熹书，蔡元定刻”。佐考是书在宋乾道间，书孔子《易·系辞》、《说卦》三节，凡八碑，在明伦堂东壁，依堂壁逆行。至国朝正统三年戊午，历年二百五十，旧刻漫灭，知府周鼎重刻，刊正顺行，教授庐陵刘庆有跋。（卷三·新增各处碑帖·福建）

【清·王昶·金石萃编】碑八石，每高六尺八寸八分，广一尺八寸，七石各二行，行八字，字行书，末一石七行，行廿五六字不等，篆书，在常德府学。（卷一百五十二·朱子书易系辞）

【清·孙星衍、邢澍·环宇访碑录】书“易有太极”一段，朱子行书，无年月。湖南武陵。（卷九·南宋）（425 页）

【清·冯登府·闽中金石志】《访碑录云》在建阳，朱子行书，自“易有太极”起至“逆数也”止，首有“太极图”三字，篆书，无年月，末有“蔡元定刻”四字。刘梦阳跋：紫阳先生墨迹，原刻在楚常德，余既重修彭衙庙学镌先师小影暨大司寇像于庙，因摹此刻于明伦堂北，徒托金石以传不朽，入庙瞻像登堂睹墨，师模俨然仪形式法，是在吾同志口时，大明万历二十一年夏六月吉立知白水县口，西蜀刘梦阳口识，邑人经魁林篆书。王功载记考是书在宋乾道间书孔子《易·系辞·说卦》三节，凡八碑在明伦堂东壁，依堂壁逆行，至国朝正统三年戊午历年二百五十，旧刻漫灭，知府周鼎重刻刊正顺行教授庐陵庆有跋。钱大昕《金石文》跋尾：右朱文公书易有太极一段，蔡元定刻在常德府学，明正德乙亥吉水邓璞为嘉定县儒学教谕，复摹勒于吾邑之尊经阁下，今移置明伦堂西南向，刻手不精逊原本远甚，海隅士大夫罕见文公书，得重刻本犹珍而秘之，予在都门琉璃厂书市得此本，盖犹常德元刻笔法险劲精采四射，殊可喜也。按，诸家并言石刻在常德，惟孙氏星衍云

在建阳。当初刻于此，为他处所重摹，非一石也。（卷十二·宋七·易系辞）

【清·道光·重纂福建通志】宋《易·系辞》，《访碑录》云：朱子行书。自“易有太极”起至“逆数也”止，首有“太极图”三字篆刻，无年月，末有“蔡元定刻”四字。刘梦阳跋：“紫阳先生墨迹原刻在楚常德。余既重修彭衙庙学，镌先师小影暨大司寇像于庙，因摹刻此刻于明伦堂北，图托金石以传不朽。入庙瞻像，登堂睹墨，师模俨然，仪型式法，是在吾同志口。时万历二十一年夏六月吉立，知白永县西蜀刘梦阳口识，邑人经魁林篆书。”按诸家并言石刻在常德，惟孙氏星衍云在建阳。当时初刻于此，为他处所重摹，非一石也。（卷四五·古迹·建阳县）

【民国·福建通志】《易·系辞》，在建阳。“太极图。易辞省录。蔡元定刻。”《访碑录云》在建阳，朱子行书，自“易有太极”起至“逆数也”止，首有“太极图”三字，篆书，无年月，末有“蔡元定刻”四字。刘梦阳跋云：紫阳先生墨迹，原刻在楚常德，余既重修彭衙庙学镌先师小影暨大司寇像于庙，因摹此刻于明伦堂北，徒托金石以传不朽，入庙瞻像登堂睹墨，师模俨然仪形式法，是在吾同志口时，大明万历二十一年夏六月吉立知白水县，西蜀刘梦阳识。潜研堂《金石文》跋尾云：右朱文公书易有太极一段，蔡元定刻在常德府学，明正德乙亥吉水邓璞为嘉定县儒学教谕，复摹勒于吾邑之尊经阁下，今移置明伦堂西南向，刻手不精逊原本远甚，海隅士大夫罕见文公书，得重刻本犹珍而秘之，予在都门琉璃厂书市得此本，盖犹常德元刻笔法险劲精采四射，殊可喜也。《冯志》云：“诸家并言石刻在常德，惟孙氏星衍云在建阳。当时初刻于此，为他处所重摹，非一石也。”衍案：季通谪道州远近从游者众，刻在常德于理为近，则刻建阳者或转系重摹矣。本志凡书古人之作者，例入存目类，今以首有太极图三字入摹刻类。（金石·卷二十二·摹刻）

【杨振方·碑帖叙录 1982】朱熹书《易·系辞》。宋朱熹行书，真迹已流入日本。字大五六寸，用笔豪劲，精采四射，与传世朱书异趣。又有以此刻于各地者。蔡元定刻存常德学府（今湖南常德县）。极精。

【高令印·朱熹事迹考 1987】朱熹墨迹《易·系辞》，后又摹拓传刻广泛，在福建等地有之。……上引《福建通志》记载朱熹手书《易·系辞》在福建有石刻，即在福建建阳。（257 页）

按语：《环宇访碑录》记载石刻在湖南武陵，冯登府《闽中金石志》引《访碑录云》变成“惟孙氏星衍云在建阳”。不知“建阳”之说源于何处，如果建阳有《易·系辞》，应属摹刻无疑。现存朱熹墨迹行书《易·系辞》的节句，每行书写二字，共一百零二字，纵 36.5 厘米，横 61.8 厘米，是朱熹存世仅见的大字真迹。作品有朱熹名款及“定静堂”印记，为林宗毅先生所藏，后捐赠与台北博物馆。内容为“易有大极，是生两仪，两仪生四象，四象生八卦，八卦定吉凶，吉凶生大业。古者伏羲氏之王天下也，仰观象于天，俯则观法于地，观鸟兽之文与天地之宜。于是始作八卦，以通神明之德，类万物之情。天地定位，山泽通气，雷风相薄，水火不相射。八卦数相错，往者顺，知来者逆，是故易逆数也。朱熹书。”

7. 有宋蔡季通父之墓

题刻全文：呜呼！有宋蔡季通父之墓。

所在地：建阳崇泰里

集释：

【高令印·朱熹事迹考 1987】据清朱玉《朱子文集大全类编》第八册卷二一《墨迹》所载，朱熹所书墓碑心有四块：“‘呜呼！有宋蔡季通父之墓。’建阳崇泰里。”（268 页）

8. 蔡国博墓

题刻全文：蔡国博墓

所在地：建阳黄华山

集释：

【高令印·朱熹事迹考 1987】据清朱玉《朱子文集大全类编》第八册卷二一《墨迹》所载，朱熹所书墓碑心有四块：……“蔡国博墓。建阳黄华山。”（268 页）

9.《水调歌头》

题刻全文：富贵有余乐，贫贱不堪忧。谁知天路幽险，倚伏互相酬。请看东门黄犬，更听华亭清唳，千古恨难收。何似鸱夷子，散发弄扁舟。鸱夷子，成霸业，有余谋。致身千乘卿相，归把钓渔钩。春画五湖烟浪，秋夜一天云月，此外尽悠悠。永弃人间事，吾道付沧洲。

所在地：建阳考亭沧州精舍内

集释：

【清·孙星衍、邢澍·环宇访碑录】沧州歌，朱子行书，无年月。福建崇安。（卷九·南宋）

【清·冯登府·闽中金石志】朱子书刻考亭，行书。……见《朱子文集》，即水调歌头也。按绍熙五年冬，朱子竹林精舍成，复更名沧州精舍，此刻当在是时。（卷十二·宋七·沧州歌）

【民国·福建通志】在崇安。……孙氏《访碑录》云：朱子行书，无年月。（金石·卷十一·宋六·沧洲歌）

【高令印·朱熹事迹考 1987】此载是刻地点出于误传。不是在福建崇安，而是在福建建阳考亭沧州精舍内。（286 页）

按语：《水调歌头》见于《朱子全书》卷一〇。

（四）顺昌县

1. 浮玉

题刻全文：浮玉

所在地：顺昌元坑镇蛟溪

集释：

【清·乾隆·福建续志】“浮玉”，在仙字岩，对面秋水净则见。（卷七十四·古迹·石刻·邵州府·顺昌县）

【清·冯登府·闽中金石志】浮玉石，在顺昌，秋水澄空则字见焉，相传

为朱子书。（卷十二·宋七·浮玉石）

【清·冯登府·闽中金石志】在顺昌，与仙字石对，有“浮玉”二字，秋水净乃见。（卷十四·摹刻·浮玉石）

【民国·福建通志】“浮玉”，《冯志》云：在顺昌，与仙字石对有“浮玉”二字，秋水净乃见。相传为朱子书。（金石·卷十一·宋六·浮玉题字）

（五）建瓯市

1. 匙涧泉

题刻全文：匙涧泉

所在地：建安县资寿寺

集释：

【民国·福建通志】“匙涧泉”，《古今碑刻考》云：朱晦翁书，在建安县资寿寺。（金石·卷十一·宋六·匙涧泉题字）

2. 道学新传

题刻全文：道学心传

所在地：建瓯麻溪里

集释：

【民国·建瓯县志】庐峰石刻，朱文公榜其山曰“道学心传”，山在麻溪里，仅隔一溪为延平界。（卷二二·金石）

3. 书刘子翚《友石台记》

题刻全文：友石台，肇庆吴公南园胜处也。台因墩形，不事培划，旁有大柿树，如侧盖然，风滕月篠，从而附益之，清荫周覆，可容六七客。肇庆辇群石置其上，所以悦观瞻而供游憩也。石出吾里，无嵌空奇怪之姿，特以其介然若英毅之气钟结而成者，皆取以自近焉。倚立参错，如拱如伏，游其间者，莫不神竦意动，吾知肇庆之不苟为此戏也。徐而物色之，老而耄耋，有若纯臣者，示人以忠；不玉其佩，有若祈子者，示人以孝；容仪伟丽，有若奋威者，示人以勤；词气凯切，有若徂徕者，示人以直；有数马以对，若御史之谨者；有穴城而战，若统军之雄者。异派同宗，断断凛凛。是以知肇庆之所取，亦吾平昔之所乐亲也。附狷介而沉者次之，为势力所驱者次之，能言以怪除，三品以冒除，陨星以妖除，化妇以执除，一有是玷，虽瑰玮亦弃，是以知肇庆之所摈，亦吾平昔所欲疏也。夫以咫尺之地，数拳之石，寓意深远若此，则周旋于斯，孰不砥砺？苟逐物从好，以兹为小而陋也，则虽扩六合为基，立五岳为块，邓林蔽其左，江汉流其右，自达而观之，亦掌中之一物耳，曾何足大焉？唯随见而足，怡然理会，则又何大小之别？主人方刈柳源之稻，酿明月之泉，数招客徜徉于台上，倘以此说为是与，则倚而歌，据而瞑，皆吾之三益也，因以文记。此屏山先生绍兴甲午年间之所撰，后学朱熹于淳熙己酉登台诵记。乃稽《年谱》，而知闽宪吴公所筑，乃肇庆荣满时，仰慕高风，拜手敬书，以遗公之孙子焉。

所在地：建瓯

集释：

【清·李光暎·金石文考略】《友石台记》记朱文公淳熙己酉年书记，后书云此屏山先生绍兴甲午年间之所譔。按，《宋史·儒林传》刘子翚字彦冲，学者称屏山先生，以大儒之文得朱夫子书之而益彰矣。朱子书似不一格，他所见者不具论，惟旧得家传诗礼四大字，笔法端严，此书则极流动；然端严者自逸，流动者不放，要是中正和平之气流溢于笔墨间者也。是碑在福建建宁府，载天下金石志中。（卷十四·友石台记）

【清·王昶·金石萃编】按，此碑无建立年月，末有朱子跋，云此屏山先生绍兴甲午年间之所撰，后学朱熹于淳熙己酉登台诵记云云，绍兴无甲午，甲午岁为淳熙元年。……甲午乃甲子之讹，是绍兴十四年也。……此记称后学跋作于己酉为淳熙十六年，距子翚作记又四十六年，是时朱子当时主管太一宫兼崇政殿说书力辞除祕阁修撰奉外祠之时也，跋称登台诵记，似记已刻于台上，然无明文而又有绍兴甲午之讹，不敢竟定为甲子，则碑无可系，因系于朱子作跋之年。（卷一百五十·友石台记）

【清·孙星衍、邢澍·环宇访碑录】《友石台记》，朱子撰，并行书，淳熙十六年。浙江青浦，王氏拓本。（卷九·南宋）

【清·陈棨仁·闽中金石略】《友石台记》，碑共四石，各高七尺六寸，广三尺五寸三分，合二十六行，行十九字，行书，在建宁府。……右朱子所书刘病翁《友石台记》，末后跋语谓记作于绍兴甲午，然绍兴无甲午。考《宋史·刘子翚传》云，卒年四十七。据朱子所撰《墓表》，实为绍兴十七年，则其当生在元符三年，至政和四年甲午，年仅十五，必未能执笔而记显者之居。是则非绍兴二字之误，而甲午之误矣。其误在甲，则当为绍兴八年之戊午；其误在午，则当为绍兴十四年之甲子。二者必居一于此焉。《金石萃编》辨甲午之误，而不详其生卒之年，特为核之。病翁有集二十卷，同安李润堂袭伯曾为重刊。集中别有《友石台记》，适佚去不可考。董宗伯其昌跋此帖云：在岭南端州，是肇庆亦有刻石矣。（卷八·宋六·友石台记）

【清·孙岳颁·佩文斋书画谱】朱晦翁书，自榜额之外不多见。端州《友石台记》近钟太傅法，亦复有分隶意。（卷三五·书家传·一四）

【民国·福建通志】《友石台记》，在建宁府。……《陈略》云：右朱子书刘病翁《友石台记》，末后跋语谓记作于绍兴甲午，然绍兴无甲午。考《宋史·刘子翚传》云，卒年四十七。据朱子所撰《墓表》，实为绍兴十七年，则其当生在元符三年，至政和四年甲午，年仅十五，必未能执笔而记显者之居。是则非绍兴二字之误，而甲午之误矣。其误在甲，则当为绍兴八年之戊午；其误在午，则当为绍兴十四年之甲子。二者必居一于此焉。《金石萃编》辨甲午之误，而不详其生卒之年，特为核之。病翁有集二十卷，同安李润堂袭伯曾为重刊。集中别有《友石台记》，适佚去不可考。董宗伯其昌跋此帖云：在岭南端州，是肇庆亦有刻石矣。（金石·卷十·宋五·友石台记）

【民国·罗振玉·环宇访碑录刊谬】振钰案，碑刘子翚撰，朱熹书，注误，又碑在建宁，注并缺。

【杨振方·碑帖叙录 1982】《友石台记》，宋淳熙十六年（一一八九年）刻。在福建建宁府（今建瓯县）。刘子翚撰，朱熹书。行书，分四石刻。第

一、第四两石各六行，第二、第三两石各七行，行均十九字。末有淳熙己酉（一一八九年）朱熹跋。朱熹书不一格，他书皆端严方正，惟此记流动。

【梁披云·中国书法大辞典 1987】南宋碑刻。朱熹撰并书。南宋淳熙十六年（一一八九年）刻。在建宁府（今福建建瓯）。行书。凡四石：第一、第四两名皆六行，余石各七行，行十九字。《观妙斋金石考略》论其书云："笔法端严，此书则极流动；然端严者自逸，流动者不放，要是中正和平之气流溢于笔墨间者也。"（1381 页）

【高令印·朱熹事迹考 1987】在福建建瓯有朱熹手书其老师刘屏山《友石台记》石刻四块。……建瓯和肇庆皆有《友石台记》刻石（251 页）

按语：陈棨仁《闽中金石略》目录云："绍兴八年，刘子翚撰，朱文公书。""此屏山先生绍兴甲午年间之所撰，后学朱熹于淳熙己酉登台诵记。乃稽《年谱》，而知闽宪吴公所筑，乃肇庆荣满时，仰慕高风，拜手敬书，以遗公之孙子焉。"为朱熹跋。《中国书法大辞典》中所引"《观妙斋金石考略》"应为"《观妙斋金石文考略》"。

4. 艮泉名

题刻全文：凤之阳，鹤之麓，有屹而伏；堂之坳，圃之腹，斯瀵而沃。东于亭，润于谷，取用而足；清于官，美于俗，是为建民之福。

所在地：建瓯朱子祠

集释：

【民国·建瓯县志】艮泉名，井在朱子祠前，宋淳熙乙未鑿，文公铭曰："凤之阳，鹤之麓，有屹而伏；堂之坳，圃之腹，斯瀵而沃。东于亭，润于谷，取用而足；清于官，美于俗，是为建民之福。"（卷二二·金石）

【高令印·朱熹事迹考 1987】刻是铭之井，或许是上文《遗址》部分中所述建瓯朱子井。是铭文《朱文公文集》不录。（287 页）

（六）松溪县

1. 吟室

题刻全文：吟室

所在地：松溪县湛庐山

集释：

【清·乾隆·福建通志】在湛庐山，宋朱熹书，后人多摹为扁。（卷六十三·古迹·石刻·吟室二字）

【民国·福建通志】在松溪，“吟室”，《雍正通志》云：在延平湛庐山，朱子书。《建宁府志》云：在松溪湛庐山。衍案，曹石仓《名胜志》：湛庐山在松溪县南连亘东关杉溪二里，及政和县界，朱文公之祖曰森者，其墓在政和县，公常往返祭扫，每寓此山遂立精舍，据此，则雍正《通志》作延平者，误。（金石·卷十一·宋六·湛庐山题字）

（七）蒲城县

1. 锦江

题刻全文：锦江

所在地：蒲城县大石溪渡

集释：

【清·冯登府·闽中金石志】“锦江”，在蒲城大石溪石壁，朱子书，《闽书》：朱文公访友过此，值山花盛开，书“锦江”二字于石壁。（卷十二·宋七·锦江）

【民国·福建通志】“锦江”，《闽书》云，朱文公访友过此，值山在盛开，书锦江二字于石壁。（金石·卷十一·宋六·大石溪石壁题字）

（八）邵武市

1. 书周敦颐《太极图说》

题刻全文：无极而太极。太极动而生阳，动极而静，静而生阴，静极复动。一动一静，互为其根。分阴分阳，两仪立焉。阳变阴合，而生水火木金土。五气顺布，四时行焉。五行一阴阳也，阴阳一太极也，太极本无极也。五行之生也，各一其性。无极之真，二五之精，妙合而凝。乾道成男，坤道成女。二气交感，化生万物。万物生生而变化无穷焉。唯人也得其秀而最灵。形既生矣，神发知矣。五性感动而善恶分，万事出矣。圣人定之以中正仁义而主静，立人极焉。故圣人“与天地合其德，日月合其明，四时合其序，鬼神合其吉凶”，君子修之吉，小人悖之凶。故曰：“立天之道，曰阴与阳。立地之道，曰柔与刚。立人之道，曰仁与义。”又曰：“原始反终，故知死生之说。”大哉易也，斯其至矣！

所在地：邵武

集释：

【清·乾隆·福建续志】周子太极图刻，在郡学内。（卷七十四·古迹·石刻·邵武府·邵武县）

【清·光绪·湖南通志】福建邵武府学亦有《太极图》碑刻，不审是文公书否？（卷二七九·艺文志三十五·金石二十一·宋朱文公书太极图说）

【高令印·朱熹事迹考 1987】据清光绪《湖南通志》卷二七九《艺文》三五《金石》二一所载：“‘太极图’篆额三行。‘隐静，坤道成女’六字在图之右；‘阳动，乾道成男’六字在图之左。‘水火木金土’五字在图之下。‘万物化生”’在图之下。…晦庵朱熹书。二十行，皆正书。……《金石文编》：道州有《太极图碑》，上为四图，下刻朱文公书《太极图说》，无年月。”……周敦颐的《太极图说》及其图石刻，为朱熹书刻无疑。原刻在江西庐山，而后摹刻于湖南道州。道州是周敦颐的家乡。（257 页）

按语：《太极图说》是中国宋代周敦颐为其《太极图》写的一篇说明，全文 249 字。《太极图》据传是宋朝道士陈抟所传出。陈抟是五代至宋初的一位道士，对道家思想和道家易都有很深造诣。据史书记载，陈抟曾将《后天太极图》《八卦图》《河图》以及《洛书》传给其学生种放，种放以之分别传穆修、李溉等人，后来穆修将《太极图》传给周敦颐。

2.《邵武军学丞相陇西李公祠记》

题刻全文：建炎丞相陇西李公，邵武人也。少有大志，自为小官，即切切然以天下事为己忧。宣和初，一日大水猝至，几冒都城，人莫能究其所自来，相与震惧，而无有敢以为言者。公时适为左史，以为此夷狄兵戎之象也，不可以不戒，亟上疏言之，遂以谪去。数岁，乃得召还，则虏骑已入塞而长驱向阙矣。公复慨然图上内禅之策，诚意感通，言未及发，而大计已决。虏围既迫，群小方谋挟至尊犯不测为幸免计，公又独扣殿陛，力陈大义，得复城守，以退虏兵。然自是以来，割地讲和之议遂起，公又再谪，而大事去矣。光尧太上皇帝受命中兴，畴咨人望，首召公为宰相，公亦痛念国家非常之变，日夜图回，所以修政事、攘夷狄者，本末甚备。盖方诛僭逆，以正人心，而建遣张所抚河北，傅亮收河东，宗泽守京城，遂将益据形便，大明纪律，以示必守中原，必还两宫之势，而小人有害公者，遂三谪以去而不复还矣。淳熙丙午，距公去相适六十年，而永嘉徐君元德命教此邦，谓公之忠义筹略，海内有志之士，莫不诵而传之，顾其乡人子弟，乃无有能道其万一而兴起焉者，于是辟讲堂之东，肖公之像而立祠焉。四月吉日，合郡吏率诸生进拜跪奠，妥侑如法，已事而以书来，属熹记之。熹惟天下之义，莫大于君臣。其所以缠绵固结而不可解者，是皆生于人心之本然，而非有所待于外也。然而世衰俗薄，学废不讲，则虽其中心之所固有，亦且沦胥陷溺，而为全躯保妻子之计，以后其君者，往往接迹于当世。有能奋然拔起于其间，如李公之为人，知有君父而不知有其身，知天下之有安危而不知其身之有祸福，虽以谗间窜斥，屡濒九死，而其爱君忧国之志，终有不可得而夺者，是亦可谓一世之伟人矣。徐君之祠之也，非其志之所好，学之所讲有在于是，则亦孰能及之哉！故熹喜闻其事，而乐推其说，以告郡之学者。虽病且衰而不自知，其感慨发愤，犹复误有平日之壮心也。十二月癸巳宣教郎、直徽猷阁、主管华州云台观朱熹记。

所在地：邵武

集释：

【宋·王象之·舆地碑记目】《李丞相祠堂记》，在军学，晦翁文。（卷四·邵武军碑记）

【清·冯登府·闽中金石志】李公祠记，淳熙十三年。《舆地碑目》：朱子撰，正书，在邵武军学。（卷九·宋四·李公祠记）

【民国·福建通志】在邵武，淳熙十三年。……《舆地碑目》云在邵武军学。（金石·卷十·宋五·李公祠记）

按语：此文见于《朱子全书》卷七十九，名为《邵武军学丞相陇西李公祠记》。

3.《朝议大夫致仕赠光禄大夫黄公神道碑》

题刻全文：宋故朝议大夫致仕赠光禄大夫黄公神道碑铭。宣和之末，国家承平百有余年，中外无事，乃有二三弄臣窃国大柄，建取燕云，以召非常之变。有识之士已私忧之，而众莫之觉也。捷书日闻，官吏相庆，独信德府司录事邵武黄公有忧色。人问其故，公蹙然曰："太平日久，军旅遽兴，廪无兼岁之储，不取于民，将何以济？顾今岁荐饥，民死无数，况河北天下根本，又可重困之邪？"闻者莫不笑之。俄而，河北盗贼果蜂起，信德城守屡危。金虏乘之，遂不能支。官吏相与匍匐拜降，惟恐居后，而公独奋然誓死不屈。虏既入城，放兵四出，有挺刃胁公以降者。公顾左右，蹈之而逸，变姓名，匿里巷中，虏退乃出。则先降者皆已抵罪，而宣抚使独奇公节，俾行府事。公亦摩抚疮痍，期复按堵。未几，以内禅，恩朝议大夫，则以资高，不当复屈佐郡而省罢以归矣。靖康元年，还次京师，遭围城之变。而明年，钦宗出幸虏营，虏遂以兵威胁城中拥张邦昌而立之。一时公卿繇千百数，相顾俯首，唯唯听命。公独感愤，义不辱身，即日移檄致其事以去。盖当是时，不约而出此者亦四十人，然不数日而公竟以病卒矣，二年二月丙子也。呜呼！祖宗百年礼义廉耻之化，其所以涵养斯人者，可谓至深远矣。夫以熙宁以来，群小相师，灭理穷欲，以逮于兹，适已六十年矣。士大夫酣豢之余，心志溃烂，不可收拾。宜其祸变危迫，而皆不知以为忧，败衄迎降，而皆不知以为耻；弃君叛父、奉贼称臣，而皆不知以为辱也。而犹复有如公等者出于其间，是虽人之秉彝不容泯灭，然而祖宗所以涵养斯人至深且远者，亦岂不于此而少见其遗余哉！公卒时年始六十有三，夫人林氏携挈诸孤，奉公之柩，崎岖兵火乱离之中，川陆五年，乃能达于故里。绍兴乙丑之岁，然后始克葬焉。而公之子永存浸以才能有闻于世，上闻其名，召以为尚书郎、军器监，出为淮南转运副使，俾修农战之业，以为北向之渐。前后赠公至光禄大夫，而夫人自公时已封宜人，又以子贵，屡逢庆恩，得赐冠帔，累封至始兴郡太夫人。淳熙乙未八月五日，年九十七而薨。又以郊恩，赠蕲春郡夫人。而副使归自淮南，则使人以同郡徐君复之状来谓新安朱熹曰："吾先君之德如是，而葬久未铭。且先夫人率履持家，克享上寿，世鲜及之，亦当得附先君遗事，以垂后世，子其图之。"熹受书考之，具得光禄大夫、蕲春夫人行事本末，叹息久之。因论其大者如此，而并记其州里世次阀阅。梗概及子孙次第，请具刻于螭首之石如左方。盖公讳中美，字文昭，其先光州固始人，从王潮入闽，居建之浦城，后徙邵武。国初，邵武始别于建，遂为郡人焉。曾大父梦臣、大父扃，皆有隐行。至公父蒙始举进士，后赠中奉大夫。中奉娶施氏，生公七年而卒，后赠令人。中奉没时，公年甫冠，励志为学，而贫不能得书，常假于人以读，率一再过而归之，则已成诵不忘矣。中元佑九年进士第，调真定府左司理参军，知邢州平乡县，皆善其职。以守正不阿忤上官，罢退久之，贫甚，不以为意。亲友强起之，乃更调镇西军节度推官，邻极边，守武将，视法令僚属蔑如也。公不为挠，事有不可，必庭辨之，守愧屈焉。改宣德郎，知濬州卫县。县民有被诬杀人者，公察其冤，纵之。同列有害公者，谓公故出死罪。守疑之，公不恤也。会河决，败数郡。诏诸令长各护丁夫疏凿堤障，县独不扰而集。以功转奉议郎，除河北都转运司属官，北京留守辟以为真定府司录事。是时河北连岁不登，民多相聚为盗，而郡守欢燕敖逸如平时，公独忧之，每当集，辄辞不与。守问其故，公对以实，守默然不悦。于是乃移信德，而遂去以卒焉。其为人坦易，不事边幅，而与人交必以诚。当官不为赫赫之名，而于事细微无不谨。旁郡有疑狱，部刺史多奏以属公，往往得其情。乐施予，不问识否。人虽负之不悔，有求辄复周之。在镇时，府丞陈绍夫死，公以俸钱遣其丧。女兄寡居，迎养三十年，始终如一日。故人有通贵者招致之，谢不往。都转运使吕公颐浩及它使者多知其才，欲荐之，未果而没，论者惜之。公初娶宛句刘氏，赠和义郡夫人。蕲春，其继室也，延平人，赠少师积之女。夫人浑厚静专，归黄公时甚贫，处之自若。晚虽丰泰，亦未尝改其度也。事公之女兄如姑。公没而归其丧，教其子务以忠言直节立其志，使卒为闻人，以大其家。岁几满百，而神明不耗，起居不衰，又近似有道者。家人百口，抚之一以慈爱，而教告勉饬随之，未尝见其严厉之色，而中外整整，莫敢越轨度，乡党传以为法。公葬邵武县仁泽乡宝隆山之原，夫人葬永城乡黄溪保铜青山下，相距盖十里。子男五人，曰端愿、端平，皆有俊才，丱角已与荐送，而皆早卒；次端方，亦卒；次永存，今为朝请大夫，主管武夷山冲佑观；次永年，右儒林郎、知静江府理定县，亦先卒。女五人，其婿宣教郎朱康年、保义郎周郁、修职郎赵舜臣、通直郎杜铎、进士李先之也。孙男十人，龟朋，儒林郎；格、钺、南卿、范、檦、勋、夏、钦、钧，皆未仕，而格、钺、钦亡矣。孙女六人，其婿周敦书、李庞、李徽、将仕郎吴时万、上官珪、上官杨。曾孙男十七人：大正、大时、大椿、大全、大猷、大学、大昌、大渊、大声、大韶、大受、大严、大任、大用，余未名。女十四人，其婿任斗南、林杞、李价，余尚幼。玄孙男六人：公振、公升、公显、公回、公焕、公章。呜呼！是亦盛矣。黄氏之昌阜于世也，其可量哉！铭曰："暨暨黄公，逢时之危。迹随众兆，思属眇微。之死弗污，以全其归。温温夫人，克相其夫。又诏其子，以成厥家。寿考尊荣，百岁而徂。宝隆之阿，黄溪之里。东西相望，两阙对起。子孙盈前，曾玄满后。尚有宠灵，不远来又。"宣教郎直徽猷阁新权发遣江南西路提点刑狱公事朱熹撰并书，进士方士繇题盖。淳熙戊申正月甲子立。

所在地：邵武铜青宝隆山

集释：

【清·乾隆·福建续志】黄中美墓碑，在铜青山下，朱子书。（卷七十四·古迹·石刻·邵武府·邵武县）

【清·冯登府·闽中金石志】黄中美墓碑，淳熙十五年。在邵武铜青山下，朱子正书。……士繇字伯谟，莆田人丰之三子，从朱熹游，见《宋诗纪事》。（卷九·宋四·黄中美墓碑）

【清·陈棨仁·闽中金石略】真定府司录事黄中美墓碑。碑高五尺八寸，阔三尺五寸，正书，三十五行，行六十四字，在邵武县。……中美事迹不见宋史，然靖康之变能感愤不屈亦节士也。考钦宗二年正月帝命太子监国，复如金营，金人留帝，青城议立异姓。二月时雍等揣敌意以张邦昌姓名入议状，逼诸臣署状，张叔夜不肯署，张浚赵鼎胡寅逃入太学，不书名，马伸吴给秦桧别为状，请复嗣君叔夜与桧为金人所执。三月丁酉遂立邦昌为楚帝而中美已前卒。二月丙子则尚不及见邦昌之僭矣。其投檄以去当在未署议状以前邪。碑与本集所载，时时不同。集运其先自潮入闽，而碑作光州固始人，从王潮入闽。此集误也。又碑云麟极边守武将。按康熙中所刻朱集，麟作邻；朱玉刻本作毗邻极边守城武将。互相差异。今考《宋史·地理志》，河东路麟州，端拱初改镇西军节度使。《欧阳修传》：自西方用兵议者，欲废麟州，修以麟州天险，废之则河内不安。盖麟州界于西夏，为宋之极边。中美调镇西节度推官，正其地也。非石刻仅存，又何由而知集本之误乎！又《宋史·职官制》：守，初分命朝臣出守列郡，其后文武官参为知州军事；绍兴九年，以武臣不晓民事，且多恣横，诏州郡只差文官，续因臣僚言极边控扼去处，仍差武臣。今麟州既系边险，故其守用武将也。书法浑厚古穆轨迹魏晋，凡重文皆不作两点尤有作字甚敬之意。（卷九·宋七·黄中美神道碑）

【清·光绪·重纂邵武府志】信德府录事黄中美墓，在铜青宝隆山。朱子撰书《神道碑》。碑文略。明知府冯孜建亭，以复其碑，夏英修。今亭废，碑

存。（卷二八·古迹·冢墓·邵武县）

【民国·重修邵武县志】朝议大夫黄中美墓在铜青之宝隆山，朱子书碑，碑复以亭，明知府冯孜建；夏英修，今亭废，碑存。此碑于中华民国七年大水裂其碑址，碑仆，而碑有陈易园记其事，并碑文，载于后篇。（卷六·名胜）

【民国·福建通志】在邵武，淳熙十五年。……《陈略》云：中美事迹不见宋史，然靖康之变能感愤不屈亦节士也。考钦宗二年正月帝命太子监国，复如金营，金人留帝，青城议立异姓。二月时雍等揣敌意以张邦昌姓名入议状，逼诸臣署状，张叔夜不肯署，张浚赵鼎胡寅逃入太学，不书名，马伸吴给秦桧别为状，请复嗣君叔夜与桧为金人所执。三月丁酉遂立邦昌为楚帝而中美已前卒。二月丙子则尚不及见邦昌之僭矣。其投檄以去当在未署议状以前邪。碑与本集所载，时时不同。集运其先自潮入闽，而碑作光州固始人，从王潮入闽。此集误也。又碑云麟极边守武将。按康熙中所刻朱集，麟作邻；朱玉刻本作毗邻极边守城武将。互相差异。今考《宋史·地理志》，河东路麟州，端拱初改镇西军节度使。《欧阳修传》：自西方用兵议者，欲废麟州，修以麟州天险，废之则河内不安。盖麟州界于西夏，为宋之极边。中美调镇西节度推官，正其地也。非石刻仅存，又何由而知集本之误乎！又《宋史·职官制》：守，初分命朝臣出守列郡，其后文武官参为知州军事；绍兴九年，以武臣不晓民事，且多恣横，诏州郡只差文官，续因臣僚言极边控扼去处，仍差武臣。今麟州既系边险，故其守用武将也。书法浑厚古穆轨迹魏晋，凡重文皆不作两点尤有作字甚敬之意。按方士繇字伯谟，莆田人，丰之之子，从朱子游。（金石·卷十·宋五·黄中美神道碑）

【杨振方·碑帖叙录1982】黄中美神道碑，宋淳熙十五年（一一八八年）刻。在福建邵武铜青山下。朱熹撰并书。行书，三十五行，行六十四字。书法与刘子羽碑如出一手、一时所书。

【高令印·朱熹事迹考1987】孝宗淳熙十五年（公元一一八八年），朱熹五十九岁，这年一月，他撰并书《黄公神道碑》。黄公，即黄中美，字文昭，福建邵武人，曾任信德府司录事。黄中美死于高宗绍兴二年（公元一一三二年），朱熹时年二岁（按：当为三岁）。朱熹和黄中美之子黄端明为好友。前面已有提及，朱熹在由福建崇安赴湖南长沙访张栻时，曾路过邵武在黄端明家住数日……是碑题曰《宋故朝议大夫致仕赠光禄大夫黄公神道碑》。碑高二米，宽一点三米。共二千二百四十多字，落款是“宣教郎直徽猷阁新权发遣江南西路提点刑狱公事朱熹撰并书，进士方士繇篆额题盖，淳熙戊申正月甲子立”。……此文载于《朱文公文集》卷八十九，题曰《朝议大夫致仕赠光禄大夫黄公神道碑》。……是刻为正书，非行书。（264 页）

按语：此文见于《朱子全集》卷八十九，内容与碑文略有差别。

（九）光泽县

1.《邵武郡光泽县社仓记》

题刻全文：光泽县社仓者，县大夫毗陵张侯䜣之所为也。光泽于邵武诸邑最小而僻。自张侯之始至，则已病夫市里之间民无盖藏，每及春夏之交，则常籴贵而食艰也；又病夫中下之家，当产子者力不能举，而至或弃杀之也，又病夫行旅之涉吾境者一有疾病，则无所于归，而或死于道路也。方以其事就邑之隐君子李君吕而谋焉，适会连帅赵公亦下崇安建阳社仓之法于属县，于是张侯乃与李君议，略放其意，作为此仓。而节缩经营，得他用之余，则市米千二百斛以充入之；夏则捐价而粜，以平市估；冬则增价而籴，以备来岁。又买农田若干亩，籍僧田、民田当没入者若干亩，岁收米合三百斛，并入于仓，以助民之举子者如帅司法。既又附仓列屋四楹，以待道途之疾病者，使皆有以栖讬食饮，而无暴露迫逐之若。盖其创立规模，提挈纲领，皆张侯之功，而其条画精明，综理纤密者，则李君之力也。邑人既蒙其利而歌舞之，部使者亦闻其事而加劝奖焉。于是张侯乐其志之有成，而思有以告来者使勿坏，则以书来请记。予读古人之书，观古人之政，其所以施于鳏寡孤独、困穷无告之人者，至详悉矣。去古既远，法令徒设而莫与行之，则为吏者赋敛诛求之外，亦饱食而嬉耳，何暇此之问哉？若张侯者，自其先君子而学于安定先生之门，则已悼古道之不行，而抱遗经以痛哭矣。及其闻孙，遂传素业，以施有政，宜其志虑之及此，而能委心求助以底于有成也。李君于予盖有讲学之旧，予每窃叹其负经事综物之才以老而无所遇也。今乃特因张候之举，而得以粗见其毫末，是不亦有感夫！故予既书张侯之事，而又附以予之所感于李君者，来者尚有考云。绍熙四年春二月丁巳新安朱熹记。

所在地：光泽县治东桥南

集释：

【清·光绪·重纂邵武府志】新建社仓碑，在治东桥南废仓前。朱子书。（卷二八·古迹·石刻·光泽县）

【高令印·朱熹事迹考 1987】此碑文撰书于光宗绍熙四年（公元一一九三年）二月，文载于《朱文公文集》卷八〇《记》，题曰《邵武郡光泽县社仓记》。（251 页）

按语：《邵武郡光泽县社仓记》见于《朱子全书》卷八十。

2.《西山先生李公墓表》

题刻全文：西山先生李公者，龟山先生杨文靖公之门人也。龟山既受学于河南程氏，归以其说教授东南，一时学者翕然趋之。而龟山每告之曰："唐虞以前，载籍未具，而当是之时，圣贤若彼其多也。晚周以来，下历秦汉，以迄于今，文字之多，至不可以数计。然旷千百年，欲求一人如颜、曾者而不可得，则是道之所以传，固不在于文字，而古之圣贤所以为圣贤者，其用心必有在矣。"及李公请见于余杭，则其告之亦曰："学者当知古人之学何所用心，学之将以何用。若曰'孔门之学，仁而已'则何为而谓之仁？若曰'仁，人心也'，则何者而谓之人心耶？"李公受言，退求其说以进，愈投而愈不合，于是独取《论语》、《孟子》之书而伏读之，蚤夜不懈，十有八年，然后涣然若有得也，龟山盖深许之。而公之语学者亦曰："学者于经读之又读，而于其无味之处益致思焉，至于群疑并兴，寝食不置，然后始当骤进耳。"龟山既没，后进多从之游。后举遗逸召对，卒官福建路安抚司主管机宜文字，而葬其乡邵武军光泽县东黄岭之原。学者共追号为西山先生云。公讳郁，字光祖，元祐党人朝散郎深之子。母安仁县君陈氏，赠谏议大夫陈忠肃公之女兄也。公幼不好弄，坐立必庄。少长，学于舅氏，陈公器之。逾冠，乃见龟山而请业焉。龟山一见奇之，即妻以女。既而以朝散公遗命，出为叔父将仕郎庭之后。中间游大学，被乡荐，皆不第。绍兴初，天子慨然有志中兴大业，思得山林遗逸魁杰非常之材而用之。会遣御史朱异行郡国，诏俾搜访以闻。异闻公名，使还以对，召对便殿，所陈皆当世大务，上为改容倾听，请退而留者再。诏以为右迪功郎，寻除详定一司敕令所删定官。未久，以忧去。用进书恩，特改承务郎。及免丧，会秦丞相桧已用事，公自度不能俯仰禄仕，遂筑室邑之西山，往来读书其间。家益穷空，人有不堪其忧者，公独旷然不以为意。然当世贤士大夫益高仰之，迁官者多引以自代。久之，起家佐闽帅幕府。人谓非公所宜处，而公不辞。既至，人谓公且不屑为，而公治文书惟谨，日访民情戚休利病，以告其长而罢行之。一日，帅用小人言，欲毁民居数十为列肆，酤酒以牟利。公白其非便，帅不乐，颇见色词，公即移病告老。帅悟，惭谢，公为强起。二十年七月壬辰，竟以疾卒年，六十有五矣。公天资粹美，而涵养有方，其事上恭而有礼，其御下严而有恩。平居未尝有惰容，诲人终日无倦色。自奉甚约，而事亲极其厚，于所后尤兢兢致孝，服丧毁瘠如礼，治丧必诚信，至竭其赀不吝。兄阶官杭州，骂贼死，公事寡嫂如母，教孤侄，遣遗女，皆如己子。其于世务人情、官政文法，下至行阵农圃之事，靡不究知，然竟不及用于世以没，识者恨之。所著书有《易传》、《参同契》、《论孟遗秉》及平生遗文合数十卷，藏于家。夫人杨氏龟山先生第三女，有贤行，通经史大意，平居诲饬子孙，整齐内外，皆中礼法，后公十六年卒。子揆，成务郎，陈公志于将仕之墓，所谓延孙者也。晚以德寿庆恩，补官而卒。女适同郡上官墨卿。孙男闲、阐、闶、阛，女适某人。闲于是以迪功郎为全州州学教授，始将伐石以铭其墓，而来请文以识焉。呜呼，圣贤远矣！然其所以立言垂训，开示后学，其亦可谓至哉。顾自秦汉以来，道学不传，儒者不知反己潜心，而一以记览诵说为事，是以有道君子深以为忧，然亦未尝遂以束书不读，坐谈空妙为可以徼幸于有闻也。若龟山之所以教，与西山之所以学，其亦足以观矣。予是以著之而并记其行事，后之君子尚有考也。

所在地：光泽县

集释：

【清·冯登府·闽中金石志】西山先生李公墓表，淳熙十二年，朱子撰。（卷九·宋四·西山先生李公墓表）

【民国·福建通志】《西山先生李公墓表》，在光泽，淳熙十二年。……《冯志》云朱子撰。（金石·卷十·宋五·西山先生李公墓表）

按语：《西山先生李公墓表》见于《朱子全书》卷九十，文末有“淳熙十有二年秋八月乙卯具位朱熹述”。

八、宁德市

（一）古田县

1. 溪山第一

题刻全文：溪山第一

所在地：古田

集释：

【民国·古田县志】溪山石刻。溪山第一亭在县治东北，宋时紫阳夫子讲学之所，颜曰‘溪山第一’，至今墨迹尤存在。（卷二五·金石）

【民国·古田县志》】考古碑，溪山原作清溪，后人因朱子尝书‘溪山第一’四字，慕其芳名，遂以易。（卷一四·学校）

按语：据黄向阳《朱熹在古田》一文记载，古田的“溪山第一”为朱熹真迹，此题榜石刻现存，其地淹没于水库中。

2. 不忒室

题刻全文：不忒室

所在地：古田报慈寺

集释：

【清·光绪·古田乡土志】报慈寺在十七都，宋时建，朱晦翁夫子特书“不忒室”三字。光绪二年重复。（地理·古迹）

【民国·古田县志】报慈寺在十七都，宋时建，朱晦翁夫子特书“不忒室”三字。光绪二年重复。（卷二五·金石）

3. 蓝田书院

题刻全文：蓝田书院，晦翁。

所在地：古田杉洋

集释：

【民国·古田县志】蓝田书院旧有朱晦翁刻四大字，其半埋于土。历数武而上又有引月池，横泐“引月”，款出“茶仙”，共四字。（卷二四·艺文·重建蓝田书院序）

【民国·古田县志】相传，庆元间，紫阳文公尝至此，书‘蓝田书院’刻于石壁。……而晦公手迹，如“聚星”、“引月”，遍于高岩深广间也。（卷二四·艺文·重建蓝田书院序）

【民国·古田县志】蓝田书院在杉洋北门外，晦翁书“蓝田书院”四字勒石。（卷一四·学校）

【高令印·朱熹事迹考 1987】现由地下挖出的“蓝田书院”、“引月”、“聚星”等最为珍贵。……“蓝田书院”石刻，上款题“堂长李□□□学李元鼎立石”，下款题“宋庆元丁巳春三月吉旦。（212 页）

【黄荣春·福州十邑摩崖石刻 2008】在古田县杉洋村北墓亭山麓，楷书，纵 5 行。文：蓝田书院。堂长李昂、直学李元鼎立石。晦翁，宋丁巳春三月吉旦。蓝田书院为南唐员外郎余仁椿始建，宋庆元间朱熹在此讲学，“蓝田书院”四字为朱熹题刻。（249 页）

【杨文新·朱熹在福建的摩崖石刻研究 2010】宁德古田杉洋，“蓝田书院宋丁巳春三月”，现存。

按语：庆元三年为公元 1197 年。

4. 引月茶仙

题刻全文：引月。茶仙。

所在地：古田杉洋

集释：

【民国·古田县志】蓝田书院旧有朱晦翁刻四大字，其半埋于土。历数武而上又有引月池，横泐“引月”，款出“茶仙”，共四字。（卷二四·艺文·重建蓝田书院序）

【民国·古田县志】相传，庆元间，紫阳文公尝至此，书‘蓝田书院’刻于石壁。……而晦公手迹，如“聚星”、“引月”，遍于高岩深广间也。（卷二四·艺文·重建蓝田书院序）

【民国·古田县志】引月池石刻，在杉洋石室之石壁，横镌“引月”二字，款泐“茶仙”二小字。（卷二五·金石）

【民国·古田县志】其右边数武有一池，名引月池，晦翁书“引月”二字，惟署名则用茶仙。其地无论冬春，月初出时即照此池，故曰引月。（卷一四·学校）

【民国·古田县志】引月池在三十六都杉洋蓝田书院山上，朱子尝书“引月”二字刻石天池。（卷八·名胜）

【高令印·朱熹事迹考 1987】“引月”二字瘦削，刚健有力。（213 页）

【黄荣春·福州十邑摩崖石刻 2008】在古田杉洋镇杉洋村蓝田书院旁田云洞边。楷书，横纵各一行，正文字径 25 厘米。文：“引月。茶仙。”茶仙，武夷山朱熹研究中心《武夷胜境理学遗迹考》载为“朱子题刻”。岩壁下有一个 5 平方米见方的水池，称为“引月池”。（250 页）

【杨文新·朱熹在福建的摩崖石刻研究 2010】宁德古田杉洋，“引月，茶仙”，现存。

5. 聚星台

题刻全文：聚星台

所在地：古田

集释：

【民国·古田县志】相传，庆元间，紫阳文公尝至此，书‘蓝田书院’刻于石壁。……而晦公手迹，如“聚星”、“引月”，遍于高岩深广间也。（卷二四·艺文·重修蓝田书院记）

【民国·古田县志】聚星台在三十六都杉洋北门外。今废。朱子题“聚星台”三字，尚存。（卷八·名胜）

【高令印·朱熹事迹考 1987】在此处朱熹书院榜书中，现在由地下挖出的“蓝田书院”、“引月”、“聚星”等最为珍贵。……关于朱熹手书“聚星台”，民国《古田县志》卷八《名胜》记载颇为明确。（213 页）

按语：朱熹手书“聚星”还是“聚星台”，民国《古田县志》卷八《名胜》明确记载：“‘聚星台’三字”。

6. 题诗山

题刻全文：题诗山

所在地：古田廖厝里

集释：

【民国·古田县志】廖厝里后门有“题诗山”，朱熹题刻。（卷二五·金石）

按语：此石刻为已佚。

（二）霞浦县

1. 砚铭

题刻全文：金石拔元音，移东序于文房之阴。无声之声，式玉式金，窾坎镗鞳不为寸莛。

所在地：霞浦城南

集释：

【民国·霞浦县志】城南方家藏一砚，旁镌宋绍丰某年某月日，下款朱元晦。铭曰：“金石拔元音，移东序于文房之阴。无声之声，式玉式金，窾坎镗鞳不为寸莛。”起铭而雅，音协乎虞廷。（卷二六·金石）

【高令印·朱熹事迹考 1987】“绍丰”为“绍熙”之误。铭文是否有错漏字，因《朱文公文集》不录，无从查对。（288 页）

参 考 书 目

A

安宁：《朱熹在福州地区的诗联与题刻》，《福建乡土》，2006 年，第 5 期。

C

陈道南：《朱熹在尤溪》，《朱子文化》，2007 年，第 6 期。

陈捷：《朱熹手书岩刻藏在闽清深山》，2008 年 04 月 28 日。

[清] 陈棨仁：《闽中金石略》，中国东方文化研究会历史文化分会编：《历代碑志丛书》（第二十二册），南京：江苏古籍出版社，1998 年。

陈天霖：《武夷山水》，福州：福建人民出版社，1980 年。

程楷：《朱熹题“溪山第一”辨析》，《福建史志》，2011 年，第 4 期。

D

[清] 董天工（1703—1771）：《武夷山志》，北京：方志出版社，1997 年。

F

[清] 冯登府：《闽中金石志》，中国东方文化研究会历史文化分会编：《历代碑志丛书》（第二十二册），南京：江苏古籍出版社，1998 年。

福建省建阳市政协文史委员会：《朱熹在建阳》（《建阳文史资料》第十六辑），1997 年。

[民国] 福建通志局：《福建金石志》，新文丰出版公司编辑部：《石刻史料新编》第二辑第 15 册，台北：新文丰出版公司，1979 年。

G

高令印：《朱熹事迹考》，上海：上海人民出版社，1987 年。

高令印：《朱熹在闽南与“闽学开宗”》，《纪念孔子诞辰 2560 周年国际学术研讨会暨国际儒联第四届会员大会论文集》，2009 年。

高桥继男：《石刻史料新编第一·二·三辑书名著者索引》，台北：新文丰出版公司，1995 年。

国家图书馆金石组编：《历代碑刻史料汇编》（全十六册），北京：北京图书馆出版社，2000 年。

H

黄笃文：《书海钩沉——朱熹闽清留真迹》，《福建日报》，2004 年 9 月 13 日。

黄荣春：《福州摩崖石刻》，福州：福建美术出版社，1999 年。

黄荣春：《福州摩崖石刻》，福州：福建美术出版社，2011 年。

黄荣春：《福州十邑摩崖石刻》，福州：福建美术出版社，2008 年。

黄胜科：《朱熹与武夷山摩崖石刻》，《朱子研究》，2004 年，第二、三期。

黄向阳：《朱熹在古田》，《古田文史资料》第五辑，1985 年。

L

梁披云主编：《中国书法大辞典》，香港、广州：香港书谱出版社、广东人民出版社，1987 年。

［清］林尔嘉：《闽中金石略考证》，中国东方文化研究会历史文化分会编：《历代碑志丛书》（第二十二册），南京：江苏古籍出版社，1998 年。

林苏：《朱熹年谱简编》，《朱熹研究资料专辑》（《尤溪文史资料》第九辑），福州：福建人民出版社，1990 年。

林忠干：《朱熹在崇安》，《朱熹研究资料专辑》（《尤溪文史资料》第九辑），福州：福建人民出版社，1990 年。

林忠干：《朱熹在建阳》，《朱熹研究资料专辑》（《尤溪文史资料》第九辑），福州：福建人民出版社，1990 年。

刘强：《朱晦翁与闽清》，《福建文化》，1934 年，第二卷，第十六期。

［清］陆增祥：《八琼室金石补正》，《历代碑志丛书》（第九—十一册），

南京：江苏古籍出版社，1998 年。

[民国] 罗振玉：《环宇访碑录刊谬》，中国东方文化研究会历史文化分会编：《历代碑志丛书》(第二十三册)，南京：江苏古籍出版社，1998 年。

M

闽清县科技文体局：《福建闽清摩崖石刻、碑刻》，2016 年 10 月 27 日。

Q

泉州历史网：《泉州人名录：朱熹（上卷）》。

全铮：《朱熹与尤溪》，《朱熹研究资料专辑》(《尤溪文史资料》第九辑)，福州：福建人民出版社，1990 年。

S

沈国镇：《朱熹在泰宁》，《朱熹研究资料专辑》（《尤溪文史资料》第九辑），福州：福建人民出版社，1990 年。

苏黎明：《杨林书院》，《泉州晚报》2016 年 1 月 28 日。

束景南：《朱熹年谱长编》，上海：华东师范大学出版社，2001 年。

[清] 孙尔准，陈用光修；陈寿祺纂：《重纂福建通志》，台北：华文书局，1968 年。

[清] 孙星衍、邢澍：《环宇访碑录》，中国东方文化研究会历史文化分会编：《历代碑志丛书》(第二十三册)，南京：江苏古籍出版社，1998 年。

W

王家声：《南安开发六个旅游区》，《厦门日报》，1986 年 1 月 18 日。

[宋] 王象之：《舆地碑记目》，中国东方文化研究会历史文化分会编：《历代碑志丛书》(第二册)，南京：江苏古籍出版社，1998 年。

[明] 王佐：《新增格古要论》，杭州，浙江人民美术出版社，2011 年。

翁国樑：《漳州史迹》，《福建文化》，1935 年，第 3 卷，第 20 期。

吴如周：《福建各县沿革表》，《福建文化》，1945 年，第二卷，第四期。

武夷山地方志编纂委员会编：《武夷山摩崖石刻》，北京：大众文艺出版社，2007 年。

X

厦门市政协文史和学习宣传委员会编：《厦门摩崖石刻》，福州：福建美术出版，2001 年。

晓阳：《朱熹在尤溪》，《福建日报》，1983 年 4 月 10 日。

谢学钦：《朱熹与古田》，《闽东日报》，2011 年 11 月 29 日。

新文丰出版公司编辑部：《石刻史料新编》第一辑，台北：新文丰出版公司，1977 年。

新文丰出版公司编辑部：《石刻史料新编》第二辑，台北：新文丰出版公司，1979 年。

新文丰出版公司编辑部：《石刻史料新编》第三辑，台北：新文丰出版公司，1986 年。

新文丰出版公司编辑部：《石刻史料新编》第四辑，台北：新文丰出版公司，2006 年。

Y

颜立水：《朱熹在同安的题字》，厦门人民广播电台编辑部编，《天风海涛》第四辑，1981 年。

颜立水：《朱熹在同安的遗迹》，《厦门日报》，1983 年 11 月 17 日。

颜立水：《朱熹在同安的遗迹》，《朱熹研究资料专辑》（《尤溪文史资料》第九辑），福州：福建人民出版社，1990 年。

颜立水：《朱熹在同安》，厦门：鹭江出版社，2008 年。

颜立水：《首仕同安 遗泽银同》，2010 年 9 月 8 日。

杨怀荣：《朱熹在泰宁的佚诗》，《福建日报》，1983 年 8 月 21 日。

杨文新：《朱熹在福建的摩崖石刻研究》，《武夷学院学报》，2010 年，第 4 期。

杨振方：《碑帖叙录》，上海：上海古籍出版社，1982 年。

永泰县地方志编纂委员会：《永泰县志》，北京：新华出版社，1992 年。

Z

张承榕：《永泰古韵》，福州：海风出版社，2006 年。

章英：《朱熹在永春》，永春文化馆编：《桔红报》，1983 年，5 月版。

政协漳州市龙文区文员会文史资料委员会、漳州市龙文区云洞岩风景区管理委员会编：《云岩洞风景区》，1999 年。

中国新闻社福建分社：《“寿”与“佛”——闽山石刻丛谈》，《海外华文报刊文摘》，1981 年。

朱剑心：《金石学》，北京：文物出版社，1940 年。

朱杰人、严佐之、刘永翔主编：《朱子全书》，上海、合肥：上海古籍出版社、安徽教育出版社，2010 年。

附录一：朱熹年谱简编[①]

1岁　1130年　宋高宗建炎四年　庚戌

九月十五日午时，朱熹生于南剑尤溪郑氏寓舍。

2岁　1131年　宋高宗绍兴元年　辛亥

春正月，在尤溪。

二月，朱松携家自尤溪先逃往古田龙爬。旋在六月转寓长溪龟龄寺。

3岁　1132年　绍兴二年　壬子

正月初，朱松携家有长溪往福州，渡鸡屿洋，寓桐江。

正月初九，朱松携家由同江归尤溪。

五月，朱松携家赴泉州石井镇监税任。

4岁　1133年　绍兴三年　癸丑

朱熹在泉州石井。

是岁，张敦颐为朱松赎回其婺源百亩先业田。

5岁　1134年　绍兴四年　甲寅

朱松应诏入都前，携家归尤溪，熹始入小学。

三月，朱松诏试馆职入都。

八月十一日，。

赵鼎约招朱松入幕，会母程氏卒，九月，朱松丁忧归尤溪。

6岁　1135年　绍兴五年　乙卯

朱松携家离尤溪，寓居政和星溪，庐墓守丧。

朱熹在政和刻苦读书，常往星溪书院、云根书院及湛庐书山中苦读。

朱熹初见延平李侗，约在是年。

---

① 依据束景南：《朱熹年编长编》，上海：华东师范大学出版社，2001年。

7岁　1136年　绍兴六年　丙辰

在政和，朱松守丧，尽室饥寒，朱熹长兄、二兄约在此时夭亡。

8岁　1137年　绍兴七年　丁巳

六月，朱熹母子寄居浦城，朱松单身襆被入都。

9岁　1138年　绍兴八年　戊午

朱熹母子遂于三月来临安。

在临安就傅，延杨由义为师，授以司马光《杂仪》等。

朱熹侍父，见到大儒尹焞，并得尹焞《论语解》抄录勤读。

刘勉之应召入都，十一月朱熹初见刘勉之。

十一月，朱熹初见胡铨约在此时。

10岁　1139年　绍兴九年　己未

赵构定都临安，元旦布诏天下，与金议和。朱松对朱熹感慨叹息久之。再上书论和议善后事宜，不用。

是岁，朱熹在临安刻苦读《四书》，慨然有做圣人之志。

11岁　1140年　绍兴十年　庚申

三月十五日，秦桧讽右谏议大夫何铸劾朱松，出知饶州，朱松愤而请祠归闽。

四月，朱松携朱熹自临安归，寓建阳登高山丘义之家。

七月，朱松往崇安访刘子翚，朱熹初见刘子翚约在此时。

朱熹受学于家庭，始作诗文，董颖叹为笔力扛鼎。

秋后环溪精舍成，朱宋举家定居建安城南紫芝上坊。

是年赵汝愚（子直）生。

12岁　1141年　绍兴十一年　辛酉

在建安环溪精舍受教，开始“十年寂寞抱遗经”生活，励志儒家圣贤之学。

13岁　1142年　绍兴十二年　壬戌

九月朱松往游福州，访福建安抚使程迈及友人张元干、傅自得等。朱熹初识傅自得约在此时。

14岁　1143年　绍兴十三年　癸亥

三月二十四日，朱松卒于建安环溪寓舍。疾革时手书以家事托刘子羽，命朱熹禀学武夷三先生：籍溪胡宪、白水刘勉之、屏山刘子翚，往父事之。

刘子羽为朱氏母子筑室崇安五夫里屏山之下、潭溪之上，并与胡宪、刘勉之经理其家事。朱熹母子约在是年下半年来居潭溪。

朱熹入刘氏家塾，受学刘子翚、刘勉之、胡宪三先生。

朱熹又问道受学刘勉之萧屯草堂、胡宪籍溪山居、刘中瑞樟书院、武夷山水帘洞。

是年，张敦颐归还婺源百亩先业田于朱熹母子。

15岁　1144年　绍兴十四年　甲子

葬朱松于崇安县五夫里之西塔山。

在潭溪生活清贫，学习刻苦，寄书三叔朱槔，诉说投靠诸刘、异乡寄寓之辛酸。

在刘子翚处初见密庵主僧、宋杲弟子道谦禅师，向其学禅，出入佛老十余年自此始。

16岁　1145年　绍兴十五年　乙丑

刘子翚为朱熹取字元晦。

17岁　1146年　绍兴十六年　丙寅

夏，致堂胡寅自衡山来访武夷三先生，朱熹侍坐见之。

秋，密庵道谦出世建之开善寺，朱熹频见道谦问禅学佛。

又常往竹原庵向宗元问禅。

十月二日，刘子羽卒，诗挽之。得其奏议读之，感愤奋发。

18岁　1147年　绍兴十七年　丁卯

考订诸家祭礼，写成《诸家祭礼考编》。

八月，举建州乡贡。

十一月，秋试归，刘子翚有诗勉之。

十二月六日，刘子翚卒。临终前，向朱熹具道平生学问次第，传授“不远复”思想，作《遗训》遗诸生，命朱熹作致张浚书，勉力抗金复国大业。

19 岁　1148 年　绍兴十八年　戊辰

春正月，娶刘勉之长女刘清四。

赴临安省试，作《远游篇》《桐庐舟中见山寺》诸诗。

二月，参加省试，以道谦禅说中举。

四月，殿试中举，中第五甲第九十人，赐同进士出身。

六月，离临安南归，经兰溪访范浚，得其《心箴》。

经衢州，访紫微张嵲，见诗人李处权。

经江山县，访逸平徐存，徐存遗以《心铭》。

20 岁　1149 年　绍兴十九年　己巳

二月十日，刘勉之卒，胡寅来祭。

得上蔡谢良佐《论语解》，刻苦研读。

又得西山李郁《论孟说》读之。

全面读六经、《论语》《孟子》，晓知大义。学问思想发生转折。

十二月，如婺源展墓，封识先祖坟茔，拜宗族姻党乡丈谒朱氏家祠，以先业田百亩之租充省扫祭祀之用。

21 岁　1150 年　绍兴二十年　庚午

正月二日，离婺源往歙县，至望京门飞来山八山小径拜见祝氏母家与外祖父祝确。往篁墩朱氏先世故居。有书致程洵论作诗文。

三月，婺源归，经德兴访诗人董颖，为其《霜杰集》题诗。访同年叶元恺，有题诗。

夏间，洛人范仲彪避章杰祸来崇安，朱熹从之游，得司马光《潜虚》与《易说》读之，多知司马光事。读史书自此始。

22 岁　1151 年　绍兴二十一年　辛未

二月，赴临安铨试中等，授左迪功郎、泉州同安县主簿，待次。

五月，离临安，北游湖州，见三叔朱槔，往弁山谒尹焞门人徐度。

七月，自湖州归，经台州往黄岩灵石山访药疗居士谢伋。

建斋室名“牧斋”，日读六经百氏之书，谦谦自牧。

十月，为生计穷悴辗转行役于邵武、建阳间。

23岁　1152年　绍兴二十二年　壬申

正月，往武夷山冲佑观访道，斋心焚修。

四月，访密庵道谦，遂长途行役，由建阳至顺昌，宿山寺，登云际阁，过黄塘岭，宿白芒畲，憩筼筜铺，经倒水坑，至五月而返。

九月，道谦卒，有文往祭之。

是年黄干（直卿、勉斋）生。

24岁　1153年　绍兴二十三年　癸酉

五月，赴泉州同安县主簿任，经武夷山访冲佑观道士。

经南剑，见延平李侗，与谈学禅有得，不为李侗所肯。

经福州，访《诗》学名家迂斋李樗、《尚书》学名家拙斋林之奇、《礼学》名家刘藻、任文荐。

经莆田，访艾轩林光朝、方翥、陈俊卿。

秋七月，至同安，任县主簿兼主县学。

秋收后往泉州谒奠北山摩尼教呼禄法师，至惠安向县丞郑昭叔详细了解打量经界之法，欲请推行，未成。

十二月奉檄往安溪、永春一带按事，访永春县令黄瑀，学戢吏奸、恤民隐之法。

领县学事，为使用赡学钱等与泉州学教授不合，有书致泉学教授李椆、同安县令陈宋霖抗论，至上公状辞谢学事。

25岁　1154年　绍兴二十四年　甲戌

整顿县学颁布《论学者》《论诸生》《论诸职事》等。五月，增修讲问之法，新作讲座，作《讲座铭》。更建同安县学四斋，作《四斋铭》《鼓铭》。

亲为县学诸生讲《论语》二十篇，作《论语课会说》。请直学柯翰为诸生讲《礼记》，为作《讲礼记叙说》。

秋冬奉檄往漳州龙溪县、长泰县一带按事。

26 岁　1155 年　绍兴二十五年　乙亥

奉檄至福州帅府，见安抚方滋，为县学模得官书九百八十五卷。又料理县学藏书的二百二十七卷。建经史阁藏之。

吕大器任福建提刑司干官。吕祖谦随父来福州。朱熹在福州初识吕大器、吕祖谦父子。

是春，往梅阳见大慧宗杲。

十月二十二日，秦桧死，程学解禁，其后多于县学《策问》中抨击秦桧，主倡程学。

27 岁　1156 年　绍兴二十六年　丙子

奉檄往外邑体究公事。至德化，宿剧头铺，寒夜苦读《论语》。

五月，被泉州府檄，寻访收集境内先贤碑碣事传。往金门寻访先贤陈渊事迹。

往金榜山寻访唐名士陈黯遗迹，得其《裨正书》，校而序之。

七月秩满，主簿庖署敝坏，高士轩不可居，乃暂寓梵天寺兼山阁，多有归叹之吟。

七月下旬，因差至漳州，与漳州教授陈知柔游。

八月上旬，到泉州候批书，寓九日山房，与傅自得夜泛金溪，有诗唱咏。

游九日山，有与僧无可诗。

在泉州，识泉州通判余良弼。

八月，整理家藏石刻，序编之。

九月九日，与陈知柔登高环翠亭。

十一月，奉檄走旁郡（莆田），遂载老幼东归。

28 岁　1157 年　绍兴二十七年　丁丑

春，再还同安候代者。

庖署庑舍圮隳，假县人陈良杰之馆以居，名其室为畏垒庵，日与友人诸生读书讲学。

始有书致延平李侗问学。六月二十六日，李侗答书，勉其于涵养处用力。从李侗学始。

十二月，在泉州，与陈养正、吕少卫游。

29岁　1158年　绍兴二十八年　戊寅

春正月，居五夫里，奉亲讲学，读《集古录》。

是月，徒步往见李侗于延平，问忠恕一贯之旨，至三月而返。有《题西林院壁》诗二首。

十二月，差监潭州南岳庙。

30岁　1159年　绍兴二十九年　己卯

八月十三日，以参知政事陈康伯荐，与徐度、吕广问、韩元吉同召赴行在。左司谏何溥以托抑奔竞沮之，不就。

九月二十六日，上状辞召命，乞候岳庙满日赴行在。

为刘玶作刘子翚复斋、蒙斋二琴铭。

31岁　1160年　绍兴三十年　庚辰

召赴行在，辞。指挥再下，不赴。李桐有书劝脱然一行。

六月十八日，范如圭卒，为作墓记。

七月，有书致胡宪，往邵武吊祭范如圭。

九月，往邵武迎哭范如圭，有挽诗。

十月，延平见李桐，寓居西林院惟可师之舍，受教阅数月而归。

十二月胡宪上书乞起用张浚、刘锜，罢正字，改左宣教郎、主管台州崇道观归。

32岁　1161年　绍兴三十一年　辛巳

二月，有与李侗论学答问书，讨论周敦颐《太极图说》等。

八月中秋，与士友游武夷，上幔亭，登江阁，有诗唱酬，感忧时事。

岁末，刘汝愚、魏惦夫、黄子衡、黄铢、刘珪皆来会集，有诗唱酬。

33岁　1162年　绍兴三十二年　壬午

春正月，拜谒李侗于建安，遂与俱归延平，寓西林院受教，至三月而归。

在建安与知县张栋游凌风亭，作诗怀韩元吉。

五月，祠秩满，复请祠。

六月十一日，高宗内禅，孝宗即位。复差监南岳庙。

九月汪应辰来福州，经建安与朱熹相见，叹为远器，即向朝荐举。

34 岁　1163 年　隆兴元年　癸未

三月，以左仆射陈康伯荐，召赴行在。四月十二日，辞免召命。

七月一日，汪应辰除敷文阁待制，举朱熹自代。

八月六日，建宁守陈正同建游酢祠于府学，为作祠记。

九月十八日，赴行在奏事。与李侗、陈康伯、刘玶诸书。

十月十五日，李侗卒于福州。

十月十九日，地对都下，有书致吕祖谦，二人学术往来自此始。

十一月十二日，除武学博士，待次。

十二月十二日，离临安归家。韩元吉、刘珙送之。

35 岁　1164 年　隆兴二年　甲申

春正月，如延平哭祭李侗。

二月，由延平于福州见汪应辰，一月而归。

四月，李侗葬，再往延平挽祭，又至福州见汪应辰，讨儒释之学与时事。

五月，汪应辰除四川制置使，入都奏事。七月，经崇安再见朱熹，垂询入对事宜，辨儒释之学，批判议和。

九月，赴豫章哭祭张浚，与张栻面论湖湘学中和之说，得胡宏《知言》，结识胡宏弟子吴翌。

十月，金兵南侵。与刘汝愚游宁村，登梅岭，有诗痛忧国事。

36 岁　1165 年　乾道元年　乙酉

夏四月，至行在，钱端礼、洪适方主和议，熹痛斥之。复请祠。五月复差监南岳庙。

七月，陈俊卿因奏论钱端礼出知建宁，与朱熹相见。书致汪应辰、张栻、罗博文。魏掞之来访。

37 岁　1166 年　乾道二年　丙戌

五月，何镐书来问学，二人讲论自此始。

六月，蔡元定始来问学，讲论经义。

范念德自邵武来学，讲论踰月。

九月，何镐来访，论中和之说。

始悟“主敬”思想，有源头活水诗自咏其思想飞跃。

38 岁　1167 年　乾道三年　丁亥

陈俊卿除同知枢密院事兼权参知政事，汪应辰于正月、二月两荐朱熹。

九月八日，至潭州，与张轼岳麓讲学两月。

十一月六日，偕南轩张栻往游南岳衡山。

十一月二十三日，别张栻东归。

十二月二十日，至自潭州，与林用中、范念德一路唱酬，集为《东归乱稿》。

作屏山刘子翚墓表。

是月（十二月），以陈俊卿、刘珙荐，除枢密院编修官，待次。

39 岁　1168 年　乾道四年　戊子

四月，崇安大饥，受县赈粜翟之役五十余日，请粟于府。

五月二十二日，崇安县学建赵抃、胡安国祠，为作祠记。

七月，崇安大水，奉府檄，行视水灾。

九月九日，与友人游天湖，有诗唱酬。

十一月，往沙县哭祭罗博文。

40 岁　1169 年　乾道五年　巳丑

五月，枢密院编修官施元之磨勘改官，省劄趣就职，辞。再趣职，陈乞岳南庙差遣。

六月，昼寒亭成，与刘汝愚游仙洲山，有诗吟唱。

七月，省劄复趣职，会太学录魏掞之因论事去国，遂力辞，乞岳庙差遣。

蔡元定来，同游仙洲山，有诗唱酬。

十二月，往返建阳，请精于风水之蔡元定择葬母地。

41 岁　1170 年　乾道六年　庚寅

春正月，葬祝孺人于建阳崇泰里后山天湖之阳寒泉坞。

庐墓守丧，建寒泉精舍，以待学者，讲学著述。

是春，草成《太极图说解》，寄张栻、吕祖谦讨论，至闰五月修订成《太极图说解》。

四月，李伯谏来寒泉，论辨儒释之学，遂弃佛说而从朱熹学。

蔡元定、何镐、杨方皆来会讲论，共游芦峰。

建晦庵于云谷，有卜居栖遁意。

七月五日，迁韦斋朱松墓于白水鹅子峰下。

十二月二十六日，工部侍郎胡铨以诗人荐，与王庭珪召赴行在，以丧制未终辞。

42 岁　1171 年　乾道七年　辛卯

夏五月，创立社仓于五夫里。

九月，东下政和展墓，归途访李宗思，作《尽心说》《定资治通鉴纲目凡例》。

十一月，以舅氏祝峤之丧南下尤溪，与县宰石嶅相见论学，访韦斋与县学观大阁，石嶅为作《韦斋记铭跋》，刻石揭牓。

十二月二十六日，省劄趣赴行在，以禄不及养辞。

43 岁　1172 年　乾道八年　壬辰

四月十三日，有旨趣行，五月三日复辞。

六月，省劄再趣行，再辞。重修《通鉴纲目》。

九月，省劄又趣行在，再辞。

十二月，方士繇始为问学，为其家藏胡安国帖作跋。

44 岁　1173 年　乾道九年　癸巳

三月二十六日，省札复趣行，复辞，并请祠。

四月十六日，序定《太极图说解》

五月二十八日，有旨特改左宣教郎，主管台州崇道观。再辞。

始与浙中学者吕祖俭、潘景宪、潘景愈书劄论学。

十月一日，尤溪县修庙学成，为石嶅作县学记及五县学斋铭。

右丞相梁克家与张说议事不合，来知建宁府，与朱熹相见，论社仓等事。

十一月二十四日，省劄检会已降指挥，不合辞免。

45岁　1174年　孝宗淳熙元年　甲午

春正月，至建宁吊梁克家忧。

二月上状复辞。

韩元吉除知婺州，往晤与武夷，不合而归。

三月二十六日，有旨不许辞免，复辞。

南下寒泉展墓拜扫，遂登芦峰，游云谷。

五月一日，作《崇安县五夫社仓记》。

六月二十三日，始拜命，改宣教郎，奉祠。

游百丈山，有诗吟唱，作《百丈山记》。

是秋建宁大旱，往建宁府见傅自得，与两司及建宁府讨论账济事宜。潘友恭来问学。

46岁　1175年　淳熙二年　乙未

三月，刘韫极目亭成，与刘韫、王齐舆行春再游。

四月一日，吕祖谦携潘景愈来五夫潭溪相会。

二十四日，与吕祖谦至寒泉精舍，共编订《近思录》。

五月十六日，偕东莱吕祖谦赴铅山鹅湖，二十八日至鹅湖，复斋陆九龄、象山陆九渊来会。

七月，云谷居成，遂上芦峰，登云谷，有诗咏之。

作《云谷记》，有云谷杂咏诸诗。

自云谷归，访秀野刘韫，有次其韵。

作黄中美神道碑。

十月，上寒泉，何镐等来寒泉讲论学问，旬日而归。

十一月，何镐卒，往邵武哭吊，为作墓碣铭与圹志。

47 岁　1176 年　淳熙三年　丙申

正月，与刘珪、刘子翔游天湖、将军岩、金斗，有诗唱酬。

复往邵武料理何镐葬事，还走建宁，见韩元吉。

黄干来学，初登师门。

二月，韩元吉召赴行在，再往崇安相见。

三月中旬，往婺源展墓，蔡元定偕行。经浦城，题诗周氏溪园。

自浦城至衢州，住超化寺。二十七日至常山，哭祭汪应辰于绍德庵。

二十八日，与吕祖谦会于开化，讲论学问九日。

四月十二日，至婺源，祭扫祖墓，复远祖墓。

六月上旬离婺源归，七月上旬至家。

六月二十一日，以龚茂良、韩元吉荐，授秘书省秘书郎。七月八月辞，不允。八月，再辞，并请祠。九月，差管武夷山冲佑观。

八月十一日，往邵武谒黄中通老于其家。

十一月十三日，令人刘氏卒。

48 岁　1177 年　淳熙四年　丁酉

为刘氏选卜墓地。四月，葬于建阳县塘石大林谷。

九月，袁枢、傅伯寿、梁瑑、吴英来访，共游武夷，泛舟九曲，有诗唱酬。

49 岁　1178 年　淳熙五年　戊戌

夏间，往清湍密庵避暑著述，招士友来集，多有诗吟。

七月作《胡宪行状》。

作《刘子羽行状》。

是月，刘尧夫、廖德明、方士繇来访，同游天湖，有诗吟唱。

二十九日，与廖德明、刘尧夫、方士繇发潭溪，留芹溪，登云谷，宿黄沙，游武夷，蔡元定、刘甫、刘子翔皆来会，多有诗吟留题。

八月，以史浩荐，差知南康军，十七日辞。

十八日，出紫溪，往弋阳迎哭刘珙之柩。

是月（十月）有旨不许辞免。复辞，请祠。

十二月，省劄趣之任。

50 岁　1179 年　淳熙六年　己亥

东走邵武问黄中疾。

春正月二十日，复上状请祠。二十五日，启行，二月四日至铅山候命。

十四日，复上状请祠。

在铅山崇寿精舍候命，学子士友多来访论学。

三月，陆九龄偕刘尧夫来访于铅山观音寺，讲论三日，有何陆九龄当年鹅湖寺韵。

刘子羽神道碑成，遣林允中、朱埜再往祭刘珙。

是月，省劄复趣之任，遂行。三月十日，至南康，交接郡事。

九月，重九与同僚士友登紫霄峰，赋诗唱酬。

下元日，行视陂塘，发现白鹿洞故址，遂议复兴建白鹿洞书院，发布《白鹿洞牒》，上状申修白鹿洞书院。

51 岁　1180 年　淳熙七年　庚子

春正月，请祠不报。

三月十八日，白鹿洞书院建成，释菜开讲，自任洞主。

五月五日，与士友游石乳寺。

九月二十九日，陆九龄卒，有文祭之。

52 岁　1181 年　淳熙八年　辛丑

三月二十五日，除提举江南西路常平茶盐公事，待次。

闰三月二十七日，罢郡东归。

四月六日，拜濂溪书堂，说《太极图》义。十九日，至家。

往登庐峰，修葺云谷居，有诗吟。

七月初，往建宁见郑伯熊，拜祭刘珙墓，有诗感作。

三日，郑伯熊卒于建宁任上，叶适来祭，与朱熹见面初识。

八日，与士友往登仙洲山，游密庵。

二十三日，与士友游武夷山，题水帘洞。

是月十七日，除直秘阁。十八日辞，九月四日再辞，二十二日三辞。

往邵武祭黄中。

十二月一日，官出南库钱三十万缗付朱熹。六日，就本路萧山县接任职事，视事于西兴。

二十二日，下朱熹社仓法于诸路州郡，二十四日施行。

53岁　1182年　淳熙九年　壬寅

正月四日，巡历绍兴府属县及婺州、衢州。

七日，巡历到嵊县，奏劾绍兴府指使密克勤偷盗侵吞救济米。

十四日，巡历到金华县，奏劾上户朱熙积不伏赈粜。

二月，回绍兴，乞赐镌削。

八月十八日，改除朱熹为江西提刑。

54岁　1183年　淳熙十年　癸卯

正月，差主管台州崇道观。

经始武夷精舍于武夷山五曲大隐屏下。

二月五日，与士友出游石马，访方士繇新居，有诗唱酬。

十八日，龙岩县令曾秘新县学，为作县学记。

三月九日，江南西路转运司养济院成，为作记。

行视武夷精舍，留止旬余日，有诗咏之。

四月十六日，武夷精舍成。

十月，南下福州、莆田、泉州，访赵汝愚、陈俊卿、陈知柔，吊傅自得。

十六日，在莆田，为李纲奏议作序。

十月下旬，至泉州，与休斋陈知柔追游于莲华峰、九日山、凉峰、凤凰山、云台山之间。

十一月，北上至莆田，居白湖陈俊卿宅仰止堂，与陈俊卿、莆田守林元仲、草堂方秉白、纲山林亦之交游唱酬。

十一月中旬，至福州，与赵汝愚游，多有吟唱。

55 岁　1184 年　淳熙十一年　甲辰

正月二十日，为崇安县学学学田记。

二月，与士友学子游武夷，九曲溪，作《武夷棹歌》十首。

三月二十七日，休斋陈知柔卒，有文祭之。

56 岁　1185 年　淳熙十二年　乙巳

二月，祠秩满，复请祠。夏四月，差主管华州云台观。

三月三十日，往建阳西山，寓景福寺。

梭山陆九韶以居士应诏入都，经武夷与朱熹面论无极太极。朱、陆太极论始于此。

六月二十三日，刘玶卒，往其家哭祭，为作墓志铭。

八月二十八日，作西山李郁墓志铭。

57 岁　1186 年　淳熙十三年　丙午

三月，赵汝愚赴四川制置使任，经武夷与朱熹相见，面论闽中行钞盐事，有诗送之。

十二月二十日，为邵武军学作李纲祠记。

58 岁　1187 年　淳熙十四年　丁未

正月，南下到莆中吊陈俊卿。

至泉州访旧，作万如居士李缜墓碣铭。

归经福州，与士友游鼓山。二月离福州归，有诗咏。

三月，差主管南京鸿庆宫，四月拜命。

七月，亦右相周必大及诗人杨万里荐，除江南西路提点刑狱公事，待次。二十八日，辞。

十二月，陈亮、辛弃疾邀约鹅湖、紫溪之会，爽约未赴。

59 岁　1189 年　淳熙十五年　戊申

正月初，有旨趣入朝奏事之任。二月，复以疾辞，请祠，不允。

三月十八日，启程入都奏事。

道经铅山，潜斋徐昭然来受学。

三十日到信州，四月一日上札再辞，请祠。

四月四日，至玉山县。复上札再辞，请祠。

五月中旬，离玉山北上。

五月下旬至临安，与入都上恢复书之陈亮相会。

六月七日，奏事延和殿。

八日除兵部郎官，以足疾具申朝廷给假调理，暂不供职。九日林栗上章劾其欺慢，不赴部供职。即日上札请祠。

十一日诏依旧职名江西提刑，立即放行。十二日，离临安归。

至衢州，上状辞免新任。

二十六日，札下急速趋江西提刑任。

七月上旬，归自临安，再上状辞江西提刑任，并请祠。

中旬，辞免磨勘转朝奉郎。

侍御史胡晋臣奏劾林栗，二十五日，林栗出知泉州，二十六日，朱熹除直宝文阁，主管西京嵩山崇福宫。

八月十四日，辞职名，辞转官，皆不允，逐拜命。

九月二十六日，以谏议大夫谢谔荐，复召，辞。

十一月十七日，除主管西太乙宫，兼崇政殿说书。

十二月上旬，辞崇政殿说书。

60 岁　1189 年　淳熙十六年　己酉

正月二十三日，除秘阁修撰，依旧主管西京嵩山崇福宫。二月中旬，辞职名。

致书陆九渊，论无极太极。朱、陆之辨至此结束。

四月二十二日，复辞职名。五月，依旧直宝文阁，降诏奖谕。

八月九日，以留正荐，除江南东路转运副使，以有坟墓宗族田产在本路婺源辞。罢祠

九月更化覃恩，转朝散郎，赐绯衣、银鱼。

十月五日，诏免回避，疾速之任。二十一日，再辞。

十一月，改知漳州，再辞，不允。十二月，始拜命。

61 岁　1190 年　光宗绍熙元年　庚戌

二月中旬，启程赴漳州任。

三月上旬，至南剑，与沙县宰黄东来见，讨论漳州更革弊政事。

至福州，见福建安抚马大同，论闽中政事。

四月十三日，至仙游，访蔡襄家，得其真迹跋之。

二十四日，到漳任，发布州县官牒，令州县官聚厅议事办案，以杜官吏贿赂为奸。

十月以经界不行及地震、足疾不能付锡宴自劾，并请祠，不允。

62 岁　1191 年　绍熙二年　辛亥

正月二十四日，长子朱塾卒于婺州。二月，以嗣子丧请祠。

三月，复除祕阁修撰，主管南京鸿庆宫。

四月二十九日，去郡归。

至惠安，与学者论儒释之异。

经福州，见赵汝愚，黄榦从侍归武夷。

二十四日，归次建阳，寓居同繇桥。

七月四日，复辞职命，不允。八月二十三日，乃拜命。

九月，除荆湖南路转运副使。十月九日，辞，不允。

十二月，以经界不行自劾。

长乐刘砥、刘砺来学。

63 岁　1192 年　绍熙三年　壬子

二月有旨趣湖南运转使任，二十日复辞，并请补祠秩，许之。

六月，考亭新居落成，居之。

十一月五日，葬长子朱塾于建阳大同山北麓。

十二月，以留正荐，除知静江府、广南西路经略安抚使。十九日，辞。

64 岁　1193 年　绍熙四年　癸丑

正月六日，有旨趣之任。二十三日，复辞。二月，差主管南京鸿庆宫。

二月二十日，光泽县令张訢之建社仓，为作记。

八月辛弃疾再知福州、兼福建安抚使，经建阳，与朱熹共游武夷山。

十一月，以留正、赵汝愚荐，除知潭州、荆湖南路安抚使。十二月十日，辞。

65 岁 1194 年　绍熙五年　甲寅

正月初，有旨趣之任，复辞。

二月，有旨趣之任，遂拜命。

四月中旬，启程赴潭州任。

五月四日，至潭州。五日，交割职事。

九月初，至信州待命。仍趣前来供职，再上辞状。

九月十四日，在衢州。命下载趣前来供职。再上辞免状，乞带原官职奏事。

十月二日，入国门，申省乞带原官职奏事。

四日奏事行宫便殿，出五札。面辞待制、待讲，不允。

五日，申省辞待制职名，乞改作说书差遣。

十日奉御笔不允，乃拜命，始系衔供职。

二十一日，内批付下，即附奏谢，申省乞放谢辞，出居灵芝寺待命。

二十九日，除知江陵府、荆湖北路安抚使，辞，并乞追待制职名。

十一月至武夷，与弟子会于武夷精舍。

二十日，还至考亭。

十二月十二日，沧州精舍（竹林精舍）成。十三日，率诸生行释菜之礼。

66 岁 1195 年　宁宗庆元元年　乙卯

正月十一日拜祠命。十四日，辞待制职名。

二十八日跋李弥逊武夷诗，刻置妙观堂。

五月，复辞职名，并乞致仕。

八月三十日，与黄干、刘淮诸弟子游浮翠亭，有诗唱酬。

67 岁 1196 年　庆元二年　丙辰

正月二十日，赵汝愚卒于衡阳，往寒泉哭吊，又至赵汝愚婿家祭奠。

十二月，监察御史沈继祖奏劾朱熹，二十六日，落职罢祠。

68岁 1197年 庆元三年 丁巳

正月二十七日，镌职罢祠省札下到，上谢表。

闰六月六日，朝散大夫刘三杰论“伪党”变而为“逆党”，指朱熹为党魁。

七月二十五日，在建安，为张栻与冯时行帖作跋。

八月上旬，至延平，寓水南天庆观，有诗咏。

七日，至顺昌，宿筼筜铺。

至泰宁小均，有《小均四景诗》。

69岁 1198年 庆元四年 戊午

正月初一，作刘勉之墓表。

大病濒危，贻书黄干告诀，以深衣及生平所著书授黄干。

八月九日，蔡元定卒于道州，有文祭之。

70岁 1199年 庆元五年 己未

四月二十三日，有旨守朝奉大夫致仕，拜命谢表。

十一月中旬，陈淳来考亭问学。

十二月六日，跋朱松所作《朱森行状》。

作《朱松行状》，迁朱松墓于崇安武夷乡上梅里寂历山。

71岁 1200年 庆元六年 庚申

正月，考亭陈氏修建聚星亭，为其设计聚星亭画屏，作《聚星亭画象赞》。

三月九日，逝世。

十一月二十日。葬于建阳县唐石里之大林谷。

附录二：宋以来福建省行政区划

一、北宋

北宋的福建地区属于福建路，雍熙二年（公元 985 年）改两浙西南路置，治所在福州（今福州市）。有 6 个州、2 个军和 47 个县，福州 12 县、建州 7 县、泉州 7 县、南剑州 5 县、汀州 5 县、漳州 4 县、邵武军 4 县、兴化军 3 县。太平兴国四年（公元 979 年）置太平军，剑州更名南剑州，同年太平军更名兴化军；五年（公元 980 年）置邵武军；至道三年（公元 997 年）定天下为 15 路，为福建路，治福州，以福州、建州、泉州、南剑州、漳州、汀州、邵武军、兴化军来属。

福州府	闽县、侯官县、福清县、古田县、永福县①、长溪县、长乐县、罗源县②、闽清县、宁德县、怀安县③、连江县
建州	建安县、瓯宁县④、浦城县、建阳县、松溪县、崇安县⑤、政和县⑥
泉州	晋江县、南安县、同安县、惠安县⑦、永春县、安溪县⑧、德化县
南剑州	剑浦县、将乐县⑨、顺昌县、尤溪县

---

① 初为永泰县，崇宁元年（公元 1102 年）更名为永福县。

② 初为永贞县，天禧五年（公元 1021 年）更名为永昌县，乾兴元年（公元 1022 年）又更名为罗源县。

③ 太平兴国五年（公元 980 年）析闽县于芋源置。

④ 治平三年（公元 1066 年）析建安、建阳、浦城三县置瓯宁县，来属建州；熙宁三年（公元 1070 年）省，元祐四年（公元 1089 年）仍置瓯宁县。

⑤ 淳化五年（公元 994 年）于崇安场置崇安县，来属建州。

⑥ 初为关隶镇，咸平三年（公元 1000 年）置关隶县，来属建州；政和五年（公元 1115 年）更名为政和县。

⑦ 太平兴国六年（公元 981 年）析晋江县置惠安县，来属泉州。

⑧ 初为清溪县，宣和三年（公元 1121 年）更名为安溪县。

⑨ 初属建州，太平兴国四年（公元 979 年）来属南剑州。

续表

漳州	龙溪县、漳浦县、龙岩县、长泰县①
汀州	长汀县、宁化县、上杭县②、武平县③、清流县④
邵武军⑤	邵武县⑥、光泽县⑦、泰宁县⑧、建宁县⑨
兴化军⑩	莆田县⑪、仙游县⑫、兴化县⑬

二、南宋

南宋福建路，设置 1 个府、5 个州、2 个军和 48 个县。建宁府 7 县、福州 12 县、泉州 7 县、南剑州 5 县、汀州 6 县、漳州 4 县、邵武军 4 县、兴化军 3 县，福建路治所设在福州。绍兴三十二年（公元 1162 年）升建州为建宁府。

福州府⑭	闽县、侯官县、福清县、古田县、永福县、长溪县、长乐县、罗源县、闽清县、宁德县、怀安县、连江县
建宁府⑮	建安县、瓯宁县、浦城县、嘉禾县⑯、松溪县、崇安县、政和县

---

① 太平兴国五年（公元 980 年），自泉州来隶。

② 淳化五年（公元 994 年）于上杭场置上杭县，来属汀州

③ 淳化五年（公元 994 年）于武平场置武平县，来属汀州。

④ 元符元年（公元 1098 年）析长汀县二团里、宁化县六团里置清流县，来属汀州。

⑤ 太平兴国五年（公元 980 年）于建州邵武县置邵武军。

⑥ 初属建州，太平兴国五年（公元 980 年）来属邵武军。

⑦ 太平兴国六年（公元 981 年）析邵武县置光泽县，来属邵武军。

⑧ 初为归化县，属建州，太平兴国五年（公元 980 年）来属邵武军，元祐元年（公元 1086 年）更名为泰宁县。

⑨ 初属建州，太平兴国五年（公元 980 年）来属邵武军。

⑩ 太平兴国四年（公元 979 年）以泉州莆田县游洋镇地置太平军，同年更名为兴化军。

⑪ 初属泉州，太平兴国四年（公元 979 年）来属兴化军。

⑫ 初属泉州，太平兴国四年（公元 979 年）来属兴化军。

⑬ 初为泉州莆田县游洋镇，太平兴国四年（公元 979 年）析莆田县置兴安县，同年更名为兴化县。

⑭ 景炎元年（公元 1276 年）升为福安府。

⑮ 绍兴三十二年（公元 1162 年）升为建宁府。

⑯ 初为建阳县，景定元年（公元 1060 年）更名为嘉禾县。

续表

泉州	晋江县、南安县、同安县、惠安县、永春县、安溪县、德化县
漳州	龙溪县、漳浦县、龙岩县、长泰县
南剑州	剑浦县、将乐县、顺昌县、沙县、尤溪县
汀州	长汀县、宁化县、上杭县、武平县、清流县、莲城县①
邵武军	邵武县、光泽县、泰宁县、建宁县
兴化军	莆田县、仙游县、兴化县

三、元

至元十五年（公元 1278 年）置福建行省治福州路，寻更名泉州行省徙泉州路，十七年（公元 1280 年）复置福州行省，同年省入泉州行省，后又分置福建行省，二十年（公元 1283 年）省泉州行省并入福建行省，又一度省入漳州，二十一年（公元 1284 年）省福建行省并入江浙行省，置分省于泉州路；寻复置福建行省治福州路，二十八年（公元 1291 年）改置福建道宣慰司并入江西行省，二十九年（公元 1292 年）复置福建行省；大德元年（公元 1297 年）更名福建平海等处行省徙泉州路，又复为福建行省复治福州路，三年（公元 1299 年）罢福建行省为福建道宣慰司，改属江浙行省；至正十六年（公元 1356 年）改置福建等处行中书省。

福州路	闽县、侯官县、怀安县、古田县、闽清县、长乐县、连江县、罗源县、永福县
福清州②	
福宁州③	宁德县④、福安县⑤

---

① 初为长汀县莲城堡，绍兴三年（公元 1133 年）置莲城县，来属汀州。

② 宋福清县。元贞元年（公元 1295 年）升福清州。

③ 宋长溪县。至元二十三年（公元 1286 年）升福宁州。

④ 宋属福州。至元二十三年（公元 1286 年）改属福宁州。

⑤ 宋末析长溪县置福安县。至元二十三年（公元 1286 年）改属福宁州。

续表

建宁路	建安县、瓯宁县、浦城县、建阳县①、崇安县、松溪县、政和县
泉州路	晋江县、南安县、惠安县、同安县、永春县、安溪县、德化县
兴化路	莆田县、仙游县、兴化县
邵武路	邵武县、光泽县、泰宁县、建宁县
延平路②	南平县③、尤溪县、沙县、顺昌县、将乐县
汀州路	长汀县、宁化县、清流县④、连城县⑤、上杭县、武平县
漳州路	龙溪县、漳浦县、龙岩县、长泰县、南靖县⑥

四、明

明朝洪武元年（公元 1368 年）：福州府、建宁府、延平府、邵武府、兴化府、泉州府、漳州府、汀州府。洪武九年（公元 1376 年），置福建等处承宣布政使司。成化九年（公元 1473 年），恢复被废为县的福宁州，直隶于布政司，终明一代，福建设八府一州。

福州府⑦	闽县、侯官县、长乐县、福清县⑧、连江县、罗源县、古田县、闽清县、永福县、怀安县⑨
兴化府	莆田县、仙游县、兴化县⑩

① 宋嘉禾县。至元二十六年（公元 1289 年）复名建阳县。

② 宋南剑州属福建路。至元十五年（公元 1278 年）升南剑路，延佑元年（公元 1314 年）更名延平路。

③ 宋剑浦县。延佑元年（公元 1314 年）更名南平县。

④ 宋末废。至元年间复置清流县。

⑤ 宋莲城县。至元年间更名连城县。

⑥ 至治元年（公元 1321 年）析龙溪、漳浦、龙岩三县地置南胜县，至正十六年（公元 1356 年）更名南靖县。

⑦ 元为福州路。吴元年（公元 1367 年）改置福州府，洪武二年（公元 1369 年）属行省。隆武元年（公元 1645 年）更名天兴府，定为福京。

⑧ 元为福清州。洪武二年（公元 1369 年）降为福清县，仍属福州府。

⑨ 万历八年（公元 1580 年）省入侯官县。

⑩ 正统十三年（公元 1448 年）省入莆田、仙游二县。

续表

建宁府	建安县、瓯宁县、建阳县、崇安县、浦城县、松溪县、政和县、寿宁县①
延平府	南平县、将乐县、沙县、尤溪县、顺昌县、永安县②、大田县③
汀州府	长汀县、宁化县、上杭县、武平县、清流县、连城县④、归化县⑤、永定县⑥
邵武府	邵武县、光泽县、泰宁县、建宁县
泉州府	晋江县、南安县、同安县、惠安县、安溪县、永春县、德化县
漳州府	龙溪县、漳浦县、龙岩县、长泰县、南靖县⑦、漳平县⑧、平和县⑨、诏安县⑩、海澄县⑪、宁洋县⑫
福宁州⑬	宁德县⑭、福安县⑮

五、清

清代设福建布政使司，辖有福州府、兴化府、泉州府、漳州府、延平府、建宁府、邵武府、汀州府、福宁州。康熙二十三年（公元 1684 年），清统一台湾后增设台湾府，属福建统辖，下设三县一厅。雍正二年（公元 1724 年），

① 景泰六年（公元 1455 年）析政和、福安二县于政和县杨梅村置寿宁县，来属建宁府。

② 景泰三年（公元 1452 年）析沙、尤溪二县于沙县浮流巡司（永安所）置永安县，来属延平府。

③ 嘉靖十五年（公元 1536 年）析尤溪、永安、漳平、德化四县于尤溪县大田置大田县，来属延平府。

④ 元为莲城县。洪武十七年（公元 1384 年）更名连城县。

⑤ 成化七年（公元 1471 年）析清流、将乐、沙、宁化四县于清流县明溪镇置归化县，来属汀州府。

⑥ 成化十四年（公元 1475 年）析上杭县于溪南里之田心地置永定县，来属汀州府。

⑦ 正德十三年（公元 1518 年）割龙溪县二十一都五个图、二十五都七个图来属。

⑧ 成化六年（公元 1470 年）析龙岩县于九龙乡置漳平县，来属漳州府。

⑨ 正德十四年（公元 1519 年）析南靖、漳浦二县于南靖县河头大洋陂置平和县，来属漳州府。

⑩ 嘉靖九年末（公元 1531 年）析漳浦县于南诏所置诏安县，来属漳州府。

⑪ 嘉靖四十五年末（公元 1567 年）析龙溪县一至九都、二十八都之五图、漳浦县二十三都之九图于龙溪县靖海馆（月港）置海澄县，来属漳州府。

⑫ 嘉靖四十五年末（公元 1567 年）以龙岩、大田、永安三县于龙岩县东西洋巡司置宁洋县，来属漳州府。

⑬ 元属福州路。洪武二年（公元 1369 年）降为福宁县，仍属福州府；成化九年（公元 1473 年）升为福宁直隶州，属布政司。

⑭ 洪武二年（公元 1369 年）直属福州府，成化九年（公元 1473 年）复改属福宁州。

⑮ 洪武二年（公元 1369 年）直属福州府，成化九年（公元 1473 年）复改属福宁州。

升福宁州为福宁府。雍正十二年（公元 1734 年），升永春、龙岩两县为直隶州。光绪十一年（公元 1885 年），台湾府单独设省。到清末，福建省共设有 9 府、2 州、58 县、2 厅。

福州府	闽县、侯官县、长乐县、福清县、连江县、罗源县、古田县、屏南县、闽清县、永福县
福宁府①	霞浦县②、福鼎县③、福安县、宁德县、寿宁县④
延平府	南平县、顺昌县、将乐县、沙县、永安县、尤溪县
建宁府	建安县、瓯宁县、建阳县、崇安县、浦城县、松溪县、政和县
邵武府	邵武县、光泽县、建宁县、泰宁县
汀州府	长汀县、宁化县、清流县、归化县、连城县、上杭县、武平县、永定县
漳州府	龙溪县、海澄县⑤、南靖县、漳浦县、平和县、诏安县、长泰县、云霄厅⑥
兴化府	莆田县、仙游县
泉州府	晋江县、南安县、惠安县、同安县⑦、安溪县
龙岩直隶州⑧	漳平县⑨、宁洋县⑩
永春直隶州⑪	德化县⑫、大田县⑬

① 明福宁直隶州，雍正十二年（公元 1734 年）升府。

② 雍正十二年（公元 1734 年）以福宁州本辖置县。

③ 乾隆三年（公元 1738 年）析霞浦县桐山南麓置县。

④ 明属建宁府，雍正十二年（公元 1734 年）改属府。

⑤ 雍正十一年（公元 1733 年）割漳浦县镇海卫来属。

⑥ 嘉庆五年（公元 1801 年）析漳浦、平和、诏安三县于云霄镇置。

⑦ 康熙二十五年（公元 1686 年）改府同知为海防同知，移驻厦门；县丞驻金门；乾隆三十九年（公元 1774 年）府通判由金门移驻马家巷，称马巷厅（仍属县），光绪九年（公元 1883 年）裁。

⑧ 明龙岩县属漳州府，雍正十二年（公元 1734 年）升直隶州。

⑨ 明属漳州府，雍正十二年（公元 1734 年）改属直隶州。

⑩ 明属漳州府，雍正十二年（公元 1734 年）改属直隶州。

⑪ 明永春县属泉州府，雍正十二年（公元 1734 年）升直隶州。

⑫ 明属泉州府，雍正十二年（公元 1734 年）改属直隶州。

⑬ 明属延平府，雍正十二年（公元 1734 年）改属直隶州。

六、民国（1947 年）

民国初年，废除府州厅一级，地方行政区划成为省、道、县三级制。民国 3 年—16 年（公元 1914—1927 年）福建设 4 道：闽海、厦门、汀漳、建安。合并闽县、侯官为闽侯县，建安、瓯宁为建瓯县；改永春州、龙岩州为永春县、龙岩县；废除厅制，改平潭、云霄为县；析出同安县的厦门岛成立思明县。全省计有 4 道、61 县。民国 17 年（公元 1928 年），从龙溪县划出华安县；民国 22 年（公元 1933 年），改思明县为厦门市；民国 23 年（公元 1934 年）废除道的制度，成为省、县两级制；设 10 个行政督察专员区，分别驻长乐、福安、南平、仙游、同安、漳浦、龙岩、长汀、邵武、浦城等地。经过一段试行，又改划为 7 个行政督察区。民国 23 年（公元 1934 年），把光泽县划给江西省（1949 年划回）；民国 29 年（公元 1940 年），从沙县、明溪、永安县各划出一部分设立三元县，从建瓯划出一部分设水吉县；民国 34 年（公元 1945 年），柘洋（原属霞浦）、周墩（原属宁德）两个特种区改建柘荣、周宁二县；民国 35 年（公元 1946 年），把闽侯县的鼓楼、南台、仓山等地划出设立福州市。从民国 35 年（公元 1946 年）至 1949 年解放前夕，全省共分 7 个行政督察区、2 市、67 县。

政府直辖	福州市、厦门市、林森县①、闽清县、永泰县、长乐县、福清县、连江县、平潭县、罗源县
第一区	专属驻福安县，辖福安县、霞浦县、福鼎县、宁德县、寿宁县、周宁县、柘荣县
第二区	专属驻南平县，辖南平县、尤溪县、沙县、顺昌县、将乐县、建宁县、泰宁县、古田县、平南县
第三区	专属驻建阳县，辖建阳县、建瓯县、浦城县、邵武县、崇安县、松溪县、政和县、水吉县、光泽县
第四区	专属驻晋江县，辖晋江县、莆田县、仙游县、南安县、同安县、永春县、惠安县、安溪县、金门县

① 1943 年 10 月，闽侯县改名林森县。

续表

第五区	专属驻龙溪县，辖龙溪县、云霄县、漳浦县、诏安县、海澄县、长泰县、东山县、南靖县、平和县、华安县
第六区	专属驻永安县，辖永安县、大田县、德化县、三元县、宁化县、清流县、宁洋县、明溪县
第七区	专属驻龙岩县，辖龙岩县、永定县、长汀县、上杭县、武平县、漳平县、连城县

七、中华人民共和国（2017 年）

福建省辖 1 个副省级市、8 个地级市，共包括 28 个市辖区，13 个县级市，44 个县（含金门县）。

福州市	鼓楼区、台江区、仓山区、马尾区、晋安区、福清市、长乐市、闽侯县、连江县、罗源县、闽清县、永泰县、平潭县
厦门市	思明区、海沧区、湖里区、集美区、同安区、翔安区
漳州市	芗城区、龙文区、龙海市、漳浦县、南靖县、云霄县、平和县、华安县、长泰县、诏安县、东山县
泉州市	丰泽区、鲤城区、洛江区、泉港区、石狮市、晋江市、南安市、惠安县、安溪县、永春县、德化县、金门县
三明市	梅列区、三元区、永安市、明溪县、清流县、宁化县、大田县、尤溪县、沙县、将乐县、泰宁县、建宁县
莆田市	城厢区、涵江区、荔城区、秀屿区、仙游县
南平市	延平区、建阳区、邵武市、武夷山市、建瓯市、顺昌县、浦城县、光泽县、松溪县、政和县
龙岩市	新罗区、永定区、漳平市、长汀县、上杭县、武平县、连城县
宁德市	蕉城区、东侨新区福安市、福鼎市、霞浦县、古田县、屏南县、寿宁县、周宁县、柘荣县

附录三：朱子福建题刻图选

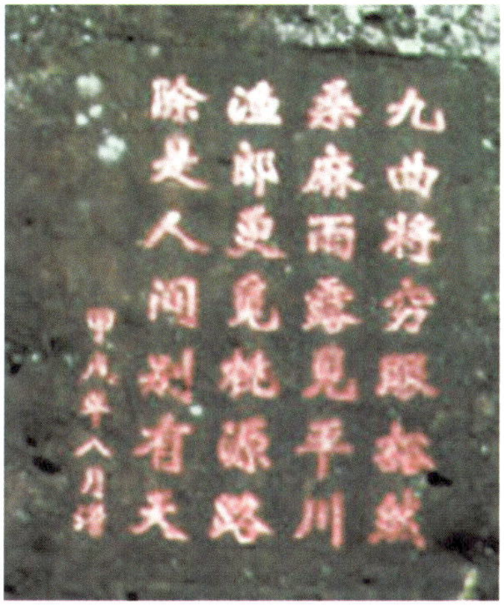

武夷山《九曲棹歌·九曲》补刻

武夷山《九曲棹歌·八曲》

武夷山《九曲棹歌·八曲》补刻

武夷山《九曲棹歌·七曲》补刻

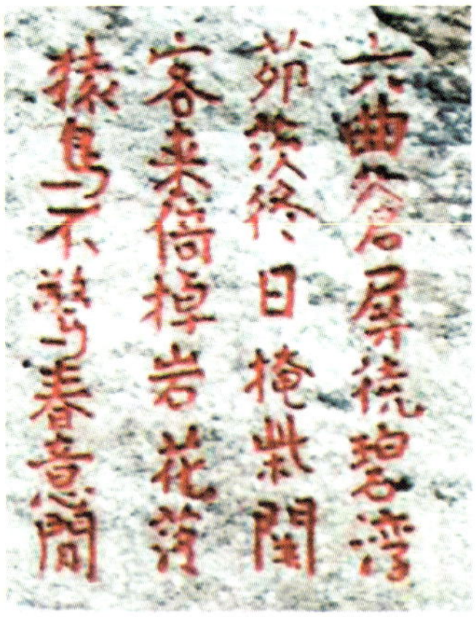

武夷山《九曲棹歌・六曲》

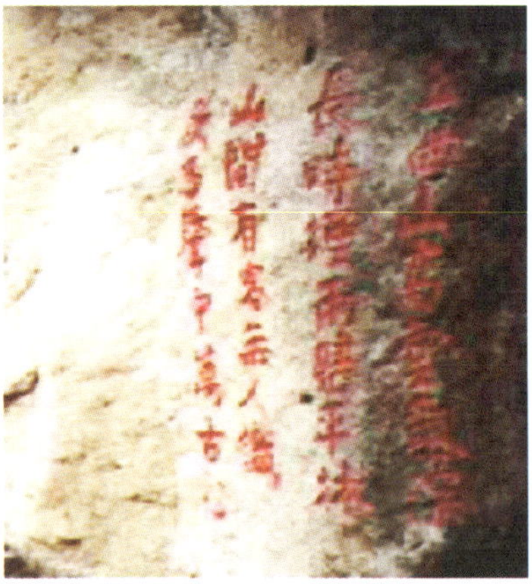

武夷山《九曲棹歌・五曲》

武夷山《九曲棹歌・五曲》补刻

武夷山五曲溪茶灶石刻

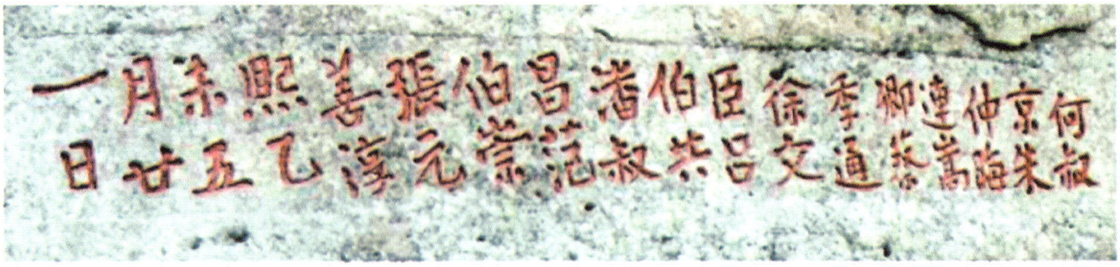

武夷山何叔京等武夷山题名

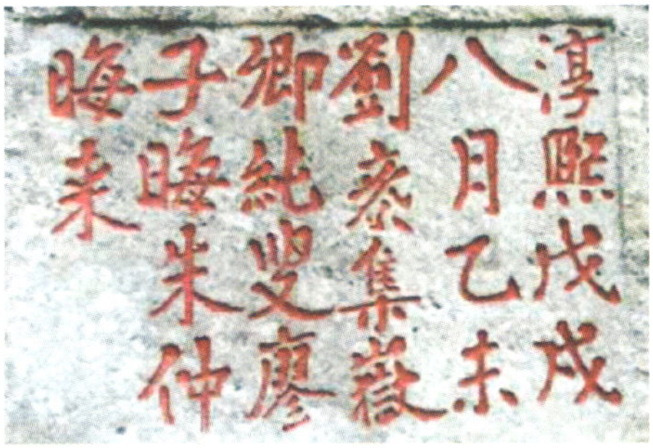

武夷山刘彦集等武夷山题名

武夷山六曲溪响声岩逝者如斯石刻

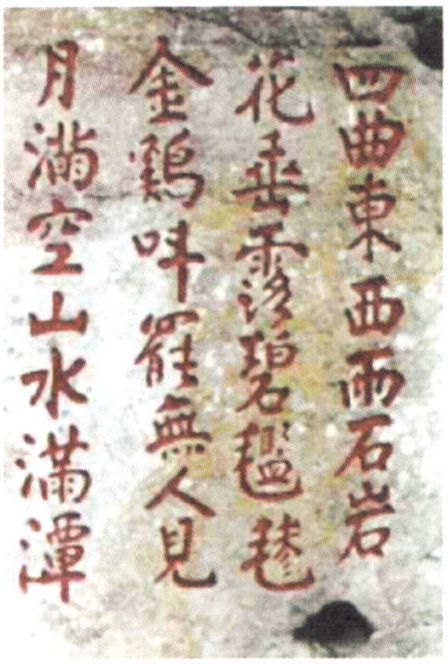

武夷山《九曲棹歌·四曲》

武夷山四曲溪金谷岩小九曲石刻

武夷山《九曲棹歌·三曲》补刻

武夷山《九曲棹歌·二曲》

武夷山《九曲棹歌·二曲》补刻

武夷山二曲溪勒马岩忠孝石刻

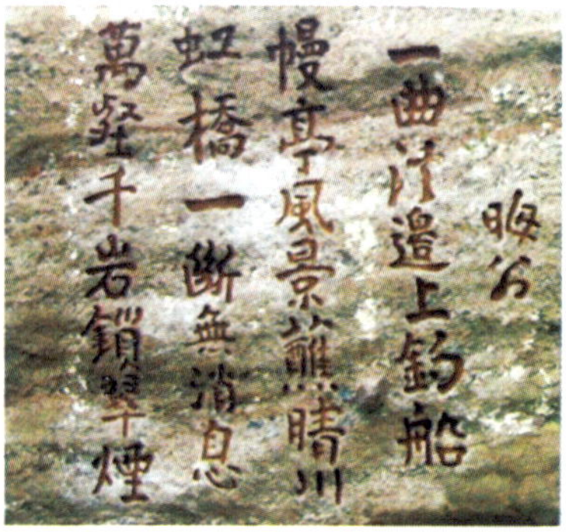

武夷山《九曲棹歌·一曲》

武夷山莲花峰景区白□□舟石刻

武夷山莲花峰景区《爱莲诗》

武夷山楼阁岩天心明月石刻

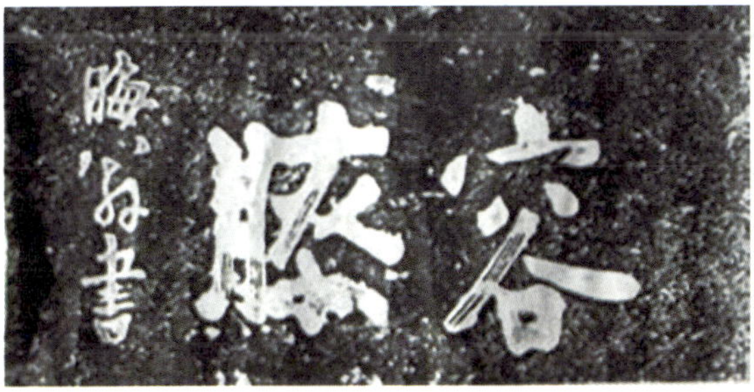

建阳云谷容膝石刻

乌石山天王岭清隐石刻

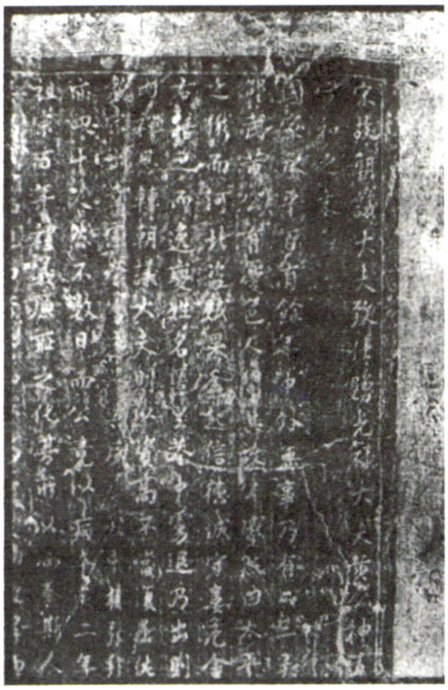

邵武铜青宝隆山

《朝议大夫致仕赠光禄大夫黄公神道碑》

武夷山五夫里《少傅刘公神道碑》

福州鼓山涌泉寺水云亭朱晦翁等鼓山题名

福州鼓山涌泉寺大顶峰天风海涛石刻

福州鼓山海晏河清石刻

福州马尾西岩寺仙苑石刻

福州凤邱山鹤林石刻

福州凤邱山凤丘石刻

福州乌石山福字石刻

福州鼓山涌泉寺寿字石刻

福州马尾区东岐山福字石刻

福州马尾区东岐山寿字石刻

福州马尾闽安镇龙门石刻

长乐县潭头镇二刘村读书处石刻

闽清白中镇普贤村广济岩振衣石刻

闽清下祝乡后峰村留云石刻

闽清梅城镇梅溪石刻

闽清东桥镇朱山村观云岫石刻

闽清上莲乡阜溪村龙溪石刻

永泰嵩口福字石刻

连江丹阳宝林寺雷移石降虎峰石刻

厦门同安梅山寺同山石刻

厦门文山斗拱岩寺文山石刻

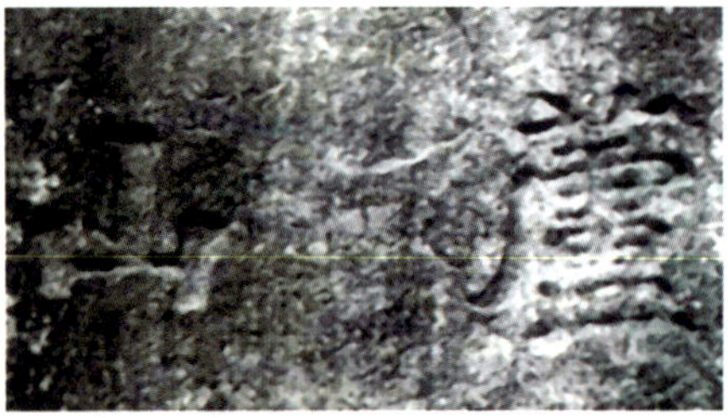

同安大轮山芦山石刻

同安大轮山瞻亭石刻

同安区五显镇北辰山仙苑石刻

同安莲花山太华岩石刻

同安莲花山灵源石刻

同安石沃山

安乐村石刻

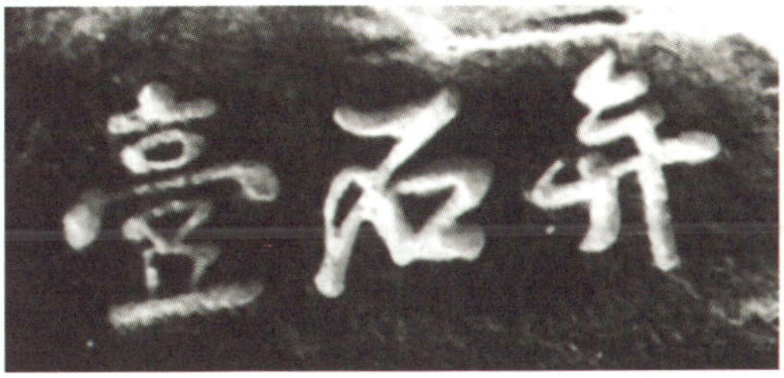

同安桥溪并石台石刻

同安小盈岭同民安石刻

同安南门桥溪中流砥柱石刻

同安梵天寺寒竹风松石刻

同安南门桥溪逝者如斯石刻

同安香山寺真隐处石刻

同安郭山村北郭岩隐安乐窝石刻

泉州蓬莱镇彭格村佛国石刻

泉州北门模范巷小山丛竹石刻

漳州云洞岩霞窝东壁溪山第一石刻

漳州东山岛海晏河清石刻

古田杉洋蓝田书院石刻

古田杉洋引月茶仙石刻

尤溪县“韦斋旧治”石碣

后　　记

时光荏苒，2011 年 7 月来闽工作，一晃已经过去八年。在这八年里，我的教学和科研工作都围绕着文字学，从未想过会与朱子研究有交集。2015 年福建省社会科学规划项目的选题中有“朱子福建题刻集释研究”这一条目，看到“集释”二字，我立即想到了我的博士论文，做的是包山楚简的集释。博士论文修改后已于 2013 年出版，还荣获了一些奖项，我想集释工作我还是比较擅长的，所以，我便以此为题申报了福建省社会科学规划项目。

项目得到批准之后，我便着手资料的收集和写作。石刻文献并不是我熟悉的领域，而且资料数量也是多如牛毛，我硬着头皮从零开始，在资料堆儿里翻找自己需要的材料先做成目录，然后再一一阅读。集释类工作最终的研究创见未必有多少，难就难在资料的收集，要尽力做到全面，凡是引用的著作和文章都要阅读原件，否则总觉得引用的内容没有得到证实，心里不安。

收集资料的过程极为艰辛，一些资料本校图书馆没有，要托人去它处寻找。2017 年一整年我在美国哥伦比亚大学访学，不方便携带纸质书籍，这又要托人帮忙把资料拍成图片或扫描成电子版。在此要感谢朱媞媞博士、黄燕平博士、李松儒博士、单育辰博士帮我提供资料上的便利。

在美一年，时间相对充裕，除了上课之外，其余的时间基本都是在“敲键盘”。因为长年久坐使用电脑的原因，年底腰疾发作，回国至今基本都是在静养。很庆幸的是这一年没有虚度，完成了书稿的大部分内容。之后课题也顺利结项，省规划办鉴定结果为优秀，这也算是对一直忐忑不安的我的鼓励吧。

书稿付梓之际，我要感谢家人的支持，尤其是我的母亲彭艳华女士，放下家中的一切，千里迢迢从辽宁来到福建，只为照顾我，让我能够安心休养，把精力放在工作上。

承蒙华侨大学文学院和河北大学出版社的支持，使本书得以问世；编辑张靖瑄女士在书稿校对方面认真负责，小到标点，大到内容，给予了许多帮助；王建设老师对我有知遇之恩，且承蒙不弃，为我写序一篇；初稿完成后，何相玲同学帮忙校对，在此一并致谢。

书稿虽然完成，但因自己能力有限，其间的错误、疏漏必不少见，恳请大家批评指正。

朱晓雪

2019 年 6 月 3 日